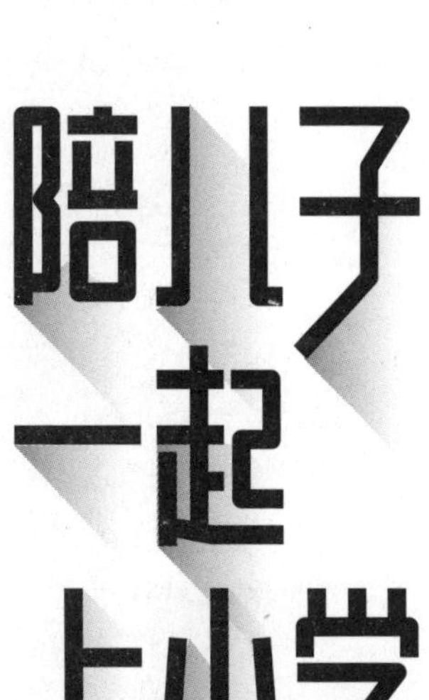

Accompany My Son to Primary School

李玲俐 著

中国轻工业出版社

图书在版编目（CIP）数据

陪儿子一起上小学 / 李玲俐著 . — 北京：中国轻工业出版社，2018.10

ISBN 978-7-5184-1831-2

Ⅰ . ①陪… Ⅱ . ①李… Ⅲ . ①小学生 - 家庭教育 Ⅳ . ① G782

中国版本图书馆 CIP 数据核字（2018）第 109922 号

责任编辑：巴丽华　　责任终审：张乃柬　　版式设计：锋尚设计
策划编辑：巴丽华　　责任监印：张京华　　封面设计：奇文云海

出版发行：中国轻工业出版社（北京东长安街6号，邮编：100740）
印　　刷：北京君升印刷有限公司
经　　销：各地新华书店
版　　次：2018年10月第1版第1次印刷
开　　本：889×1194　1/32　印张：6.5
字　　数：100千字
书　　号：ISBN 978-7-5184-1831-2　定价：39.80元
邮购电话：010-65241695
发行电话：010-85119835　传真：85113293
网　　址：http://www.chlip.com.cn
Email：club@chlip.com.cn
如发现图书残缺请与我社邮购联系调换
170588E3X101ZBW

序 言

《陪儿子上小学》的书稿终于完成了，我也长舒了一口气。在写书的过程中，我一边思索着家庭教育的方法，一边回顾了儿子的成长历程：小学跳级读了4年，高中考上北京人大附中，16岁考上北京大学物理学院，研究生跨专业考上中国社会科学院计量所，目前在澳洲排名第一的澳大利亚国立大学攻读经济学博士学位。和很多学霸相比，儿子的履历算不上金光闪闪。在他的成长过程当中也有过学业停滞不前的时候，也有过对未来彷徨、挣扎的心路历程，但是我引以为豪的是，所有的道路都是儿子自己走出来的，都是他自己的选择，我们做父母的所给予他的最有效的支持就是：在最开始的陪伴中，保护好他的求知欲、想象力和创造力；培养他们发现问题、分析问题、解决问题的能力；看重责任心和独立性。

我想通过这本书跟家长们分享的是这样的教育理念：那就是追求学业的过程也是成长的过程，不是单纯的学习好，拿到好文凭就是成功。真正的长大是一个人社会化过程中健康人格的形成。身边不少名校毕业的硕士博士，他们对自己的人生没有规划，走出校园后根本无法融入社会。他们没有明确的目标，不具备独立思考的能力，学习新知识的能力也不是很突出。在团队中不但不能脱颖而出，反而经常拖大家的后腿。针对这种状况，很多父母感慨：追求名校有啥用，文凭有啥用？给自己一个逃避的理由，不用让孩子为了考个好大学费尽心血。其实这跟文凭、名校没什么关系，纯粹是个人的问题，是家庭教育的缺失。

最近十多年我一直专注于对家庭教育的思考和传播，也有机会接触到很多不同年龄段男孩的家长，面对他们纠结的种种问题，我发现最终大部分的问题都能溯源到小学阶段。有很多问题是因为家长在孩子小学阶段没有正确引导和有效陪伴所造成的，甚至有些问题是由于家长的认知性错误所造成的。比如：很多家长认为男孩上了初中学习成绩会后来居上，结果却令人失望；很多家长手把手辅导的孩子上小学很优秀到了初中反而没有了后劲了；面对中考和高考的压力，很多父母都偏离了养育孩子的初衷，将自己也变成了不可理喻的家长……身边的负面案例越多，越觉得小学阶段的教育对孩子的成长作用越重要。虽然我经常挂在嘴边的一句话是：妈妈们什么时候明白都来得及（这个明白指的是明白好的家教方法和理念对孩子的成长有着无法估量和替代的积极意义），但如果家长们能早点领悟到家教的重要，那无论是对父母还是对孩子都是一份福气！

在和家长们打交道的过程中，我经常会以一个妈妈和家教工作者的双重身份，从不同的角度来审视我在儿子小学阶段的所作所为，我做对了什么让儿子现在还能喜欢学习，还能有这么强的学习动力？他不人云亦云，一直按照自己的想法做自己想做的事情，那种自信和笃定是来自哪里？也就是在这种审视中，我有了写这本书的想法。我想分享我的成功与失败，想在我的反省中和大家共鸣、共情。我想要家长们看到一个妈妈的成长，而不只是看一个教育专家的指导和建议。我是真诚地觉得这样的分享有价值，不是为了出书而写书。

孩子上学前，每个父母都会对他们即将开始的学习生涯有一个憧憬，我也不例外。我记得当时就在心里对儿子整个小学阶段有一个基本的规划和蓝图，那就是：以培养能力和素质为主，不看重学习成绩。在儿子的整个小学阶段，我基本按照这个思路来实践的。当时大部分的家长让孩子们学习奥数和英语，我却尊重了儿子的想法全部放弃，而把更多的时间用在运动和其他兴趣爱好上。儿子在二年级的时候我决定让他跳级，当时的想法就是住校孩子可以玩的东西太少了，那不如早点毕业，虽然很多家长和舆论反对孩子们跳级，但很多事情也是因人而异，从现在来看跳级对于儿子来说还是利大于弊，关键是培养了他自主学习的能力。对于男孩我一直觉得要让他们有冒险精神，我也是这么培养的，但是在现实的生活中，我修正了冒险的定义，不是单纯地敢于做危险的事情，而把冒险的内涵扩大了：那就是要勇于尝试新鲜的事物，学习上不惧怕失败等等。在小学阶段，儿子的个性得到了很好的发展，他从一个有点内向的小男孩逐步成长为自信、坚定的少年。

其实，儿子上小学时期，我还没有系统地学习家庭教育，基本是按照自己的直觉和一个朴素认知来培养儿子，那就是：让一个小男孩从小就能做自己！我给予他很大的空间，没有把他的时间都安排满，没把学习成绩放在第一位，最大程度地尊重他的想法，在主动做一些引领的同时，做到了最大耐心的陪伴。结果因为我的朴素认知，让儿子在小学阶段培养了他自主学习和独立思考的能力；宽松的环境塑造了他乐观自信的性格；不把学习成绩作为成长的标准让他一直对学习充满兴趣。以上几点为他今后的成长和学业的进步都打下了坚实的基础，使得他的身心发展得比较健康，天性得到了全面的释放，在自我探索的道路上历练了自己。现在回过头来，站在一个家教指导师的角度来看，对于男孩来说：空间和尊重是他们成长最重要的两个方面，我很庆幸我做对了！

书中，我也有不少经历想要跟家长们分享：第一次做小学生的家长，我也曾紧张焦虑；在做个好妈妈和干事业之间也曾迷茫徘徊过；也曾由于自己的错误认知造成儿子安全感的缺失；也曾因为年轻气盛和老师沟通不畅带给儿子带来心灵的伤痛，等等。这些我都在书中做了认真的描述和反思分享。

我其实是想通过这本书告诉更多的家长：

要相信自己能做对、能做好教育孩子这件事！

在陪伴孩子成长的过程中自己也要跟着成长，无论主动的、积极的，还是被动的、滞后的，只要我们为了更好地爱孩子尽自己最大的努力去学习，就能做合格的父母！

希望孩子学业有成，拥有良好的品质、美好的人生，将来成为一个优秀的人是每个父母的正常心态。这些愿望和期许我们无需对孩子回避，但不能揠苗助长。

要学会在尊重孩子特点和爱好的基础上挖掘孩子的潜力，最大程度地激发他们的学习动力，在保证孩子身心健康、人格健全的情况下去帮助孩子顺利成长。

我想给更多的父母传递这样的能量和信念！这就是我这本书的意义所在！

目 录

我们的男孩子

那些妈妈应该懂的事儿

给男孩成就一生的能量

学习那些事儿

男孩的晚熟、脆弱、冲动等特点常常会考验我们的耐心。

我们要接纳他们的脆弱，接纳他们的犯错、闯祸，接纳他们的不完美，还要在接纳的基础上积极地相信他们，给予他们理解和支持，给予他们充足的时间和空间，帮助他们成为最好、最真实的自己。

Chapter 1

我们的男孩子

01 小小男子汉 也有脆弱的一面

"男儿有泪不轻弹?"

NO! 哭是帮助孩子宣泄情绪、恢复平静的最天然的方式。

我们应该接受男孩的脆弱，给予他们更充沛、更安全的情感依恋。

曾经几何，“脆弱啊，你的名字是女人”，著名戏剧家莎士比亚《哈姆雷特》里的这句经典台词，让“脆弱”成为了女孩子的代名词，而男孩子们则被社会赋予了坚毅顽强的形象。但是科学研究结果显示：男孩的心理要比女孩更脆弱。

儿子上幼儿园那段时间，我非常苦恼与焦虑，担心自己的儿子无法成长为一个男子汉。潜意识里更害怕他未来会是一个偏女性化的孩子，因为那段时间儿子表现得非常脆弱，幼儿园上了三年，就哭了三年。每天一离开家门，他就开始哭哭啼啼，一路哭到幼儿园门口，然后抓着我的手不肯放开。我搞不清楚为什么我的儿子是这样！

为了改变这一切，我对儿子故意采取了一种简单、甚至有点粗暴的方式。比如说，他哼哼唧唧哭的时候，我会对他说："妈妈数一、二、三，你就不能哭了，否则妈妈就不会喜欢你了。"还有一次去幼儿园之前，他哭得很凶，我把他领到家里的一个角落对他说："好吧，那你就在这里哭够了再说。"现在每当回想起这些事，我都非常心疼那个时候的儿子。

哈佛大学的一项研究成果证明：男孩子天生对父母的情感依恋就比女孩子更为强烈，他们通过与父母建立情感联结和依恋来获得一种至关重要的安全学习的基础。幼年时的男孩更加渴望被抱在怀里，更渴望被爱抚。

儿子0～8个月在我们的身边，但平时主要是姥姥陪伴，我和先生都上班。从8～16个月是在奶奶家，虽然我每个月都会去奶奶家陪他一周，但是显而易见，儿子和我之间的情感联结建立得并不理想。如果那个时候我能给予他更多的爱抚、陪伴，哪怕偶尔不去幼儿园，在家里陪他一下，让儿子在内心建立起与我亲密的感觉，可能都会缓解他因强烈排斥幼儿园而产生的脆弱情感表现。

现在仍然有不少父母还在犯我当年的错误。当我们的男孩跟我们哭泣撒娇的时候，我们要理解他们的这种脆弱是天生的。希望家长们在心里不要把这种行为和能否成为男子汉联系在一起，因为两者之间没有必然的关联。作为妈妈，我们能做、也必须要做的一件事就是接纳儿子的脆弱，让他知道自己一直会支持他、爱他，给予他更为充沛、更为安全的情感依恋。

因为儿子幼儿园的表现让我对他的脆弱有了平常心，到了他上小学的时候我已经从心里接纳了看似脆弱的儿子。我觉得我儿子就是这样的，他就是他，不是别人。他不就是真实地表达了一下自己的情绪吗？难道真实就不是男子汉了？当我这样思考问题的时候，就豁然开朗了：真情流露是多么难能可贵，我要保护好儿子的这种“脆弱”！

有一次，儿子周末感冒刚好，作为住校生，周日下午要返回学校，那天还没出门他眼圈就红了，小声地跟我说：“妈妈，我今天可以不去上学吗？”看到儿子很为难的样子，我想：他不就是想跟我们多待会儿嘛，做父母的干吗不趁机享受这份真情，不远的将来，你求着他陪你，他都不见得理你。想到这儿，我就很爽快地答应了：“好吧，那就不去了，我们今天晚上一起去看电影。”儿子的脸上马上阴转晴，还主动地抱住了我：“谢谢妈妈！”得到了儿子的拥抱，我的心里也是暖暖的。以前这种情况我肯定坚持送儿子去幼儿园，并且还会说：“一个小男孩干吗这么娇气，都说轻伤不下火线，你这只是小小的感冒，而且已经好了。”那天儿子一直很高兴，第二天中午，他就主动说：“妈妈，我想去上学！”

小学时期，男孩在很多方面的发育会迟于女孩一年半左右，所以在《真实的男孩》一书中，作者威廉·波拉克说：“男孩不仅在自尊心方面较女孩更脆弱，作为学习者的自信心也更易被削弱……”

儿子小学三年级的时候，有一天中午突然打电话给我，带着哭腔说自己发烧了，让我带他回家。我忐忑不安地赶到学校后，发现儿子看起来不像感冒的样子，班主任语文老师也表示没有听宿管老师反映儿子生病的事。随后，她很不满地告诉我，语文期末考试儿子的作文写跑题了，竟然考了全班倒数几名。听了老师的话，我大概猜到儿子为什么打这个电话了，但是我没有拆穿他。向老师保证一定帮助儿子提高语文成绩后，我就带着他走出了学校。儿子刚一坐上车，就立刻提出让我帮他转学，他不想在这里读书了，说着说着就哭了起来。儿子抽抽搭搭地告诉我，因为他的成绩拉低了班级平均分，语文试卷点评的时候，语文老师指着儿子挖苦说：“你平时不是总自称自己看书多吗？就这样的语文成绩呀……”

下课后，儿子遭到了同学们的嘲笑。听儿子说完，我的第一个反应是非常不满老师这样的讲话方式，很想马上返回去指出老师的错误；第二个反应是想批评儿子，即使这样也不应该撒谎。但是看着他一脸悲伤欲绝的样子，我没有说出想说的话。

回到家里一进自己的房间，儿子就把靠垫扔到墙上宣泄心中的不满和委屈，我二话不说也拿起沙发靠垫投入到扔靠垫的“大战”中，一边扔一边叫。儿子见我扔得起劲儿就和我对打，我们打得那么痛快，最后不约而同笑起来。这个时候我才搂着儿子的肩膀说道：“儿子，妈写作文也跑过题，你是不是因为想写一篇特别棒的文章而想偏了啊？”儿子赶紧点点头，认真地告诉我，因为之前他写过类似的题目，所以这次想写一篇不一样的，结果时间紧，一不小心就写跑题了。“哦，原来你是有新想法了。”儿子又点点头，我拍拍儿子的肩膀：“看来赵老师还不知道你的功力呢，书读得多一定会对语文学习有帮助，可是不能保证作文一次都不跑题。下次赵老师再说类似的话，你就告诉老师以后会好好审题。”经过这番开导，儿子的情绪终于不再低落，转学的事也不提了，我也没有再提儿子撒谎的事情。

现代社会，即使是我们大人在生活中遇到一些挫折也难免会情绪波动，更何况是孩子。因此，孩子在遇到挫折的时候发泄情绪是非常正常的，作为家长，要允许男孩子哭，因为哭是帮助孩子宣泄情绪、恢复平静的最天然、最直接的方式。

我的心态发生了改变，回应和接受了儿子的脆弱，而当他觉得自己的脆弱都能被接受的时候，他的勇敢也就显现出来了。四年级的时候，有一次初冬晚上12点多钟，儿子居然带领宿舍的同学一起起来看流星雨。老师跟我告状的时候，我觉得特别吃惊，都有点不敢相信儿子会做出这样的事情，他什么时候变得这么勇敢又有魄力了？！事后老师严厉地批评了他，并且把我叫到了学校，让我好好教育儿子，还要求儿子做检查。看着不安的儿子，我没有马上批评他，而是问他为什么要这么做。儿子回答我："妈妈，我太好奇了，我就想看看流星雨是什么样！"看着儿子无辜的表情，我对他说："妈妈要表扬你的好奇心和勇气，但是你毕竟违反了纪律，所以老师才批评你，让你写检查。你心里不要太难过，以后遇到这样的事情可以提前跟老师商量，如果老师不同意，妈妈可以提前把你从学校接出来带你去看，你看这样行吗？"没想到儿子听了我的话居然哭了，我想这应该是被理解后的感动吧：妈妈不但没有批评他，反而表扬并且安慰了他。后来有一次又有流星雨的时候，我们特意提前把儿子从学校接出来兑现了我们的承诺。

还有一次，语文老师留的课堂作业是字词重复写10遍，儿子不满意老师这样的做法，觉得有点惩罚的意思，于是写了一张小纸条扔在老师的讲台上，表达对老师的不满，老师当着全面同学的面狠狠地批评了他。事后老师告诉我的时候，我心里也是有点不敢相信，这还是从前那个哼哼唧唧、哭哭啼啼的小男孩吗？居然敢公然向老师提意见，虽然老师希望我教育儿子，但是我支持了儿子的行为，并且安抚了他：儿子，你没有做错什么，老师站在自己的立场批评了你，你不要太难过，妈妈理解你！儿子当时特别感激我，说："妈妈，我刚才心里挺害怕你骂我的，但是你说不怪我，我特别高兴。"

其实当儿子表现勇敢的时候，他的内心也是不安的，也正在经历脆弱的时刻。老师的批评，同学的不理解，对于一个小学男孩来说，压力还是很大的。如果我们的父母再不给予理解和安抚的话，他该多么孤单和无助！

父母接纳了男孩的脆弱，也就是告诉他们：不要害怕，我们一起面对你的脆弱。世界知名情感与同理心专家布芮尼·布朗（Brene Brown）博士的畅销书《脆弱的力量》里面有一句话我特别喜欢："没有走过脆弱，就不可能获得真正的勇敢。当我们直视脆弱，也就意味着撬开了自信、喜乐、创造力与一切可能性。"

当孩子向我们展现他内心最脆弱的一部分时，其实是对我们的信任，是觉得父母不会因为他的脆弱而攻击他，但我们很多的父母往往辜负了这种信任。儿子的小学班主任曾经告诉过我一件事：她教过一个小男孩，当时是班里的班长，成绩优秀，开朗活泼。四年级时，由于父母工作调动，转到了另一所小学就读。一年后，她和孩子的母亲在路上遇见，惊讶地得知孩子不仅成绩一落千丈，而且变得非常自闭，经常一个人把自己反锁在房间内。

孩子的母亲认为这是学校老师的责任。因为转学不久的一次考试中，孩子被老师误认为作弊，孩子不满争执了几句，却被老师严厉地批评了一顿，并被罚写检查，张贴于班级后面的黑板报上。

我问老师："孩子的父母是怎么处理这件事呢?"老师告诉我：男孩的父亲是位军人，平时对孩子要求严格。孩子那天回家后大哭了一场，结果被父亲狠狠地批评了一顿，并要求他向老师道歉。这是多么令人心痛的一个故事!

小学时期的男孩子要比女孩子缺乏情感表达的技巧，既不擅长，也不愿意用语言来表达情绪，也不知道该如何向他人袒露自己的真情实感。那位被误解为作弊的小男孩之所以变成后来的样子，家长要负主要责任。在外面受了委屈的孩子回家大哭，这本身就是种求救心理，意味着他希望获得父母的安慰和帮助。这个时候，父亲给予一个强有力的拥抱就会胜过千言万语。

当孩子受伤、受挫的时候，父母应该给予他足够的爱与理解，呵护他受挫后的脆弱心灵，舒缓他的压力，而不是继续羞辱自己的孩子，这样他们才有重新出发的力量。这个男孩后来一直没有调整好，总是不够自信，初中以后叛逆得很厉害，经历了转学、休学等若干曲折，大学也不是很理想。后来父母也意识到自己当年的错误，对儿子不再那么严厉，大学以后这个男孩才慢慢找到自我，和父亲的关系也略有缓解。

在我们的男孩子成长过程中，如果家里恰好有一位强势的爸爸，那么妈妈一定要在儿子受到父亲的打击之后，好好地安抚男孩的情绪，多多拥抱我们的男孩，帮助他化解一下父亲专制的杀伤力，同时也要努力让爸爸关注和理解孩子的感受。

我经常告诉儿子：“任何人都有脆弱的时候，即使是像爸爸这样的男子汉，也有害怕和哭泣的时候。男子汉不会是轻松长成的，而是在每一次脆弱中汲取了力量才成长起来的。只要从每次的经历中学到经验，争取下次做得更好，脆弱男孩也会成为一名真正的男子汉。”儿子知道自己崇拜的爸爸也会有脆弱的时候，心理压力自然也就减轻了很多。

作为父母，我们要守护自己的孩子。父母温暖的怀抱是孩子坚强的后盾：及时给予鼓励，及时分担、化解孩子的痛苦，源源不断地给孩子注入能量，才能帮助孩子建立强大健康的心理。据调查，一个经常受到情感伤害而未被理解和安抚的男孩，他成长中会逐渐关闭自己原本和家长相通的一面，成年后往往很容易出现人格障碍。这是需要我们做家长的尤为警醒的一件事。

02 家有内向男孩

内向只是孩子的性格特点，而不是一种缺点。

内向的孩子同样具有优势。

对于内向的男孩，为了让他们保有自我改变的能力，就应该给予他们自我调节、自我成长的空间和时间。

孩子上小学后，很多家长的焦虑感一夜之间几乎如同核裂变一般爆发，急切地希望看到孩子拥有一个光明的未来。我发现，众多男孩家长对孩子的性格方面不仅仅是关注，而且是特别过度地关注了。家有内向的孩子，成为很多家长头疼、甚至忧心忡忡的一件事。一位妈妈非常焦虑地告诉我，她的儿子为人腼腆寡言，从不主动与人交往，不争也不抢，班级的各种荣誉都与他无关。她担心内向的性格对孩子成长不利，会导致儿子无法在这个时代更好地立足，或者生存得更好，甚至担心他有一天会变为社会的边缘人。我理解这位妈妈的焦虑，但是只要我们的孩子是心理健康的，那么内向只是孩子的性格特点，而不是一种缺点。

内向的孩子同样具有优势。从很多的人生经验来看，内向的人往往做事踏实，为人稳重，值得信任；从科学研究的角度来看，内向型的孩子善于思考，这是获取学习能力的基本条件。记得曾有专家说："内向者之所以普遍会有自卑和社交的恐惧，并不是内向本身的问题，主要是源于童年的时候最亲近的父母对他们的否定。"所以，作为家长，请不要为此焦虑。每个孩子与生俱来都有其独特的生命气质，不要试图改变孩子的天性，一定要先尊重孩子的性格差异。我们做父母的如果看不到这一点，就可能错失帮助孩子成长的机会。

要知道孩子是可以改变的，如同有些外向的孩子因为某种原因可能会变得内向，内向的孩子也有机会变得外向。儿子小时候就是属于比较内向的孩子，记得那个时候带他去吃麦当劳，每次他都眼巴巴地看着游戏区里小朋友兴高采烈地玩耍，就是扭扭捏捏不敢进去。我又是哄又是劝，也有恼火地批评他的时候，可是儿子依旧故我。

但是一眨眼，这么多年过去了，如今儿子已经成长为一个非常阳光的大男孩。大二的时候，由于各种原因，他还坚持独自一人代表北京大学参加了全国大学生攀岩比赛。他的这一举动，促使北大重返了这项已经中断多年没有参加的全国大学生赛事。儿子告诉我，开幕式时的代表队中，只有他是一个人举着校旗走在偌大的体育场里，对此他感到非常骄傲。

坦率说，听到这句话时，我百感交集：这就是一个小男孩的蜕变！

现在，几乎每一本育儿书都在告诉我们家长，要改变孩子，首先要接纳孩子，但是我以为这远远不够。我认为真正的接纳是建立在对孩子无私的爱和将他们视作是独立个体的层面之上，否则，接纳就只是一种面对孩子时的态度，而不是发自内心的全方位接受。很多人认为爱就等同于接纳，其实是不一样的，有时候，我们即使心底还爱着孩子，却已经无法接纳他，这种情况在孩子成人之后比较常见。

如果家长是满怀着无私的爱去接纳孩子的全部，就应该接纳他们的正面情绪和负面情绪，接纳他们的优点与不足。那么我们就会真正地用心观察和体认孩子，耐心地启发、引导和帮助孩子从自己的出发点成长为最好的自己，而不是想当然地认为只有自己付出努力了，孩子就应该理所当然地发生改变。我观察过周围一些父母的做法，经常是为了让儿子变得开朗起来，强迫孩子做一些不想做的事。比如要求孩子主动打招呼，主动参加到其他小朋友的游戏中。家长们认为这可能成为孩子改变的关键一步，但是对于孩子来说却是非常痛苦的经历。既然是痛苦的，哪个孩子又愿意重复体验呢？只有能让他们能够体验到成功与快乐的事情，才是帮助内向孩子的最有效途径。

比如有一位内向男孩的妈妈，她最苦恼的是儿子经常被欺负。因此我建议她给孩子挑选一些运动，体育运动对改善孩子内向的性格有很大的帮助，既可以强健身体，也可以培养自信。过了些天，这位妈妈打电话给我，说她回去考虑了一下，给儿子报了足球、篮球，她认为足球、篮球是很激烈的对抗运动，可以让儿子迅速适应对抗，敢于反抗同学的欺负。结果没想到，儿子丝毫不喜欢，而且还非常排斥，她很痛苦，觉得自己为孩子操碎了心，孩子却不领情。

这位妈妈的出发点是好的，但是她没有站在儿子的角度去考虑，让一个内向的孩子与其他的孩子满场踢足球，不亚于把他突然丢进野马厮杀的竞技场上。我个人的经验是内向的孩子更喜欢技巧性的运动。儿子小的时候，我发现他更喜欢攀爬这类运动，在他学习攀岩的时候，我站在旁边都替他捏把汗，但是他却表现得特别自信。像篮球、足球这类运动他就不是很积极，观察到儿子这些表现，我当时是尊重他自己的感受，没有强迫他做他不喜欢的运动，而是顺其自然等待他自己慢慢融入其中，比如他放假回到奶奶家，就会和堂哥一起踢足球，然后返回学校的时候也就自然而然地和同学一起踢足球了，因为这个时候他内心积攒了自信，他可以放心地展示自我，并且勇敢地去和伙伴竞争和对抗！

对于儿子的性格培养，我一直奉行不强求、多引导的原则，静待花开，等着孩子自我改变的那一天。我们要相信孩子自我改变的能力，这种能力是他们与生俱来的。试想一下，孩子从出生到上小学，只有短暂的六年多时间，如果按照目前人类的平均寿命75岁来计算，这六年相当于人生的十二分之一，可就在这十二分之一的人生中，孩子却发生了翻天覆地的变化，具备了最基本的生存能力，这是多么了不起的一件事。

我们家长也要想一下，在孩子最初成长的六年多时间里，初为父母的我们给予孩子最多的一定是足够的疼爱与鼓励，为他每个小小的进步而欢欣鼓舞，体验到了做父母的快乐。那么为什么不能将孩子的小学六年看作是他的另一个成长期？如果在这个成长期中，因孩子初步踏入了社会竞争的小体系，显现出了各自的不足，从而导致家长出现了攀比之心，开始焦虑、紧张不安。有时候不由自主地根据自己的经验和世人的标准去要求孩子，根本没有考虑是不是适合他。我们还喜欢拿其他孩子的长处比较自己孩子的短处……而不能像前六年那样关注孩子本身的成长，那么我们怎么能期待孩子健康的成长？

小学六年对男孩子来说本身就是一个挑战，他们要迅速地适应这个小社会建立的各种秩序与规则，压力可想而知。这也是为什么很多幼儿时期活泼外向的孩子，从这个时候开始逐渐变得内向的原因之一，而一些内向的孩子，有的逐渐变得自我封闭。心理学派有一种理论，认为孩子会根据大人们对待他的方式，在心里慢慢地树立起一个“内在看护者”。当他独自面对世界时，他心里的这个内在看护者就是他的依靠，觉得自己不再是孤立的，而这就是他的自信心最初的来源。对于内向的孩子来说，这个内在看护者尤其重要，因为内向孩子更需要向自己的内心去寻求能量和支持。

在我看来，对于内向的孩子，为了让孩子保有自我改变的能力，一定要给他们一个自我调节、自我成长的空间和时间。我曾经帮助儿子建立了一个小朋友圈，这个圈里主要成员是儿子本校的同学，还有一些是儿子参加各种课外活动中玩得好的外校孩子。这其中有的孩子和我儿子一样是属于内向的，也有的孩子是非常外向的，积极主动，活泼开朗。周末的时候，我会鼓励儿子请朋友们来家里做客，或者主动联系其他孩子的家长，一起组织孩子们去旅游或者搞个小比赛，我们搞过游泳、乒乓球、爬山、攀岩等比赛。组织活动时，我们几个家长都坚持只是扮演从旁协助者的角色，将“决定者”交由参加的小朋友们来担当。孩子们之间的沟通与交流，比大人的苦口婆心要有效得多。

仔细观察，男孩子们的世界是非常有趣的，他们既有强烈的团队合作意识，彼此间又有强烈的竞争意识。比如攀岩比赛，儿子爬得又快又稳，那么同队的孩子就推举他领导大家；而游泳比赛，儿子可能就被分配做场边拉拉队，只能站在上面为队友们呐喊助威。开始儿子还被动地接受这样的安排，逐渐地他就意识到有时候不能旁观，必须要参与进去才能拥有属于自己的精彩，于是他回家和我商量怎么办。我就鼓励儿子下次的时候直接提出自己的想法。结果下一次的游泳比赛，儿子就提出自己的想法，很简单，他要求同参加比赛中最弱的那个孩子较量一次，优胜劣汰。内向的孩子在熟悉安全的环境中会非常放松，在没有人强迫、干扰的情况下，反倒能做出更快的调整和改变，逐渐变得活泼主动起来。

有一次乒乓球比赛，由于我找的场地临时更改，儿子为了保证所有参加的小朋友都能准时到，他一个人坐在电话旁，挨个通知。这在之前简直是不敢想象的事，之前遇到不得不打的电话，他都会央求我帮忙。在这个小圈子中，儿子交到了很多知心的朋友，也开始变得积极主动，必要时也敢于表现自己了。最有意思的是，一次在回家的路上，儿子若有所思地说："妈妈，我觉得男子汉实力最重要，与你是什么性格没有关系。"听了儿子的话，我暗自偷笑，这真是意外的收获。

小学时期，正是孩子性格、品质初步形成的关键期。我们知道，即使同是内向的孩子，性格也会各自不同，所以为了改善孩子的性格，家长需要找到打开他们心门的那把钥匙。不要试图改变孩子的性格，而要试着融入孩子。当你努力理解孩子的内心时，才能进行针对性的引导和帮助。这把钥匙，我相信就掌握在每一位父母的手中。

03 静待花开，是给男孩子最好的教育

"静待花开"是家庭教育的一种高阶境界。

男孩的晚熟、脆弱、冲动等特点常常会考验我们的耐心，我们要积极地相信他们，给予他们充分的时间、空间及支持，帮助他们成为最好、最真实的自己。

现在很多父母愿意用"静待花开"来形容陪伴孩子长大的过程中家长应该具备的一种心境。就是说不管是对待孩子的学业还是身心的成长，父母们最好是心态平和，不要有太多的焦虑。"静待"就是耐心等待的意思，"花开"的含义饱含父母对孩子成长的无限信任和美好期待。对于男孩的父母来说，"静待花开"更是一种家庭教育的良好境界。男孩的晚熟、脆弱、冲动等等特点在很多成长的关键点考验着家长们的耐心，我们要积极地相信他们，让他们不要在慌乱和迷茫中错过成长，最终成长为真实、最好的自己。

俞敏洪和马云是我们都非常熟悉的企业家，但是他们两个人的成功路线是完全不同的。一个是标准的精英之路，考上北大，然后自主创业成功；一个是磕磕绊绊，勉强过了专科线，他的成功更像是一个屌丝的逆袭。但是条条大路通罗马，他们后来都获得了巨大的成功，成为很多家长和老师教育孩子的典范。他们两个人身上有个共同点，那就是通往象牙塔的道路比较曲折，他们上大学都是考了3年才被录取。在大家惊叹于他们个人的执着和坚持时，我站在一个妈妈的角度体会到的是他们父母的不容易，他们对儿子的守望和等待，真是需要很大的耐心和勇气。

我也经历过这样的等待和煎熬。回顾儿子的成长过程，从小学到初中，再到高中、大学，其中也是诸多波折。我总结养育儿子的心得，那就是：耐心就是对儿子最大的信任和鼓励。

当今社会，快速前行的中国人，对一切的目标都是物化的，希望任何事情都能走捷径完成，对孩子的教育往往也是这种心态。尼采曾说过：我们走得太快，是该停下来等等自己的灵魂了。家长们为了生活忙忙碌碌，对孩子成长中的小插曲焦虑不安，总是希望他们能在自己规划的路上快速奔跑。但教育是最急不得的事情，不能速成，需要家长极大的耐心，这是最不容易做到却是最重要、最实用也最有效的家教理念。

为什么说足够的耐心是给予男孩最好的家教呢？这主要由男孩生长发育的规律和生理特点决定的。从小学开始我们的男孩子就不停地考验我们的耐心。在小学阶段男孩的语言表达能力和记忆力相对女孩而言会偏弱一些的，很多男孩语文和英语的学习需要花更多的时间，有的干脆选择拒绝学习。

都说学语言要趁早，我和很多妈妈一样，小学的时候希望儿子好好学英语，这样以后学起来才更轻松一点。那个时候小学取消了英语课，当时我身边很多家长都选择在校外给孩子报了英语学习班，我也给儿子报了剑桥英语，儿子学了不到一个学期就不学了，开始我以为是儿子不适应老师的教学方法，就陆陆续续给他换了好几个不同的培训班，但每个班儿子都坚持不下来，因为他对英语没兴趣，排斥得特别厉害，没办法，我们只能放弃。

虽然尊重了儿子的想法，但是他在小学阶段一直没有在课外学习英语，令我们做父母的心里一直很忐忑，怕儿子上了初中后英语跟不上。但实际情况是，儿子初一下学期英语成绩就达到了班上中上的水平，并没有被其他孩子落下。

到了这个时候，我才对男孩的学习有了更深的认识，小学阶段儿子没有好好地学习英语，那个时候如果我们强迫他学习，估计效果也不会好，甚至还会挫伤他的学习兴趣和主动性。多年后，在我的家长课堂上，很多男孩的父母反映自己的孩子学习英语有障碍，没有兴趣，其实这缘由很可能就是在孩子还没有准备好的情况下，匆忙被动地接受教育，结果非但没有让男孩们享有成就感，还打击了他们的自信心。而当孩子的心智发育到一定程度，可以好好学英语的时候，却没有了勇气和动力。所以小学阶段家长的耐心就是给男孩时间积攒能力和自信。

小学阶段，我们没有给儿子报很多课外班，我们的耐心体现在对儿子的尊重上，我们尊重了儿子的成长规律，使他在最想玩的年纪好好玩了，在想学的时候也好好学了，也因此让我们才看到了儿子后来的潜力。

我们都知道小学男孩大部分都坐不住，调皮捣乱，有的时候跟同学和老师的关系很僵，处理不好也会影响男孩心理的成长和自信心的建立。这个时候，男孩父母的耐心意味着什么？意味着接纳闯祸的儿子，接纳不完美的儿子，意味着在接纳的基础上理解儿子，并给予他们支持，尽可能帮助他们解决人际关系的烦恼。因为我们的接纳、理解和支持，会让他们觉得安全。安全感强了，他的内心才会慢慢强大起来。例如马云的父母就做得很令人佩服。小时候，马云因为太调皮，他的父亲给他转了3次学。可以想象当时马云父母的心情，肯定也愤怒过、焦灼过、无奈过，但正常的情感反应过后，他们没有因为自己的面子和别人的诟病厌弃儿子，而是选择了接纳，然后耐心等待他的成长。父母的接纳和耐心就是给予当时的马云最大的理解和尊重，有了这么通情达理、包容大度的父母，才会有马云后来一贯的自信和执着。

确实，不管是学业还是心理，男孩总是成长得要慢一些。女孩喜欢得到父母深入地了解或理解，她们更愿意和父母达成共识；但男孩天性桀骜不驯，不喜欢被约束和限制，更加向往自由，喜欢挑战，喜欢自己决定自己的事情。男孩喜欢自己尝试，更自我，一定要自己经历失败了，才会接受父母好的建议，否则就坚持自己的意见，所谓“不撞南墙不回头”，但这种试错的过程恰恰就是男孩成长的过程。年轻人犯错，上帝都会原谅，况且还是孩子，所以我们做父母的能给予男孩的帮助就是耐心地等待他们经历错误，然后又去自己改正错误。也许在很多父母眼里男孩们这样做就是在走弯路，但对于男孩来说这就是成为男子汉的必经之路。

不管是小学的时候放弃学英语，还是后来拒绝学习奥数，儿子总是和我们做父母的希望的不一样，但最终我们还是妥协，尊重了他的想法，然后耐心地等着他的自我成长和觉醒。

虽然明白男孩的成长要给予足够的耐心，但是到了关键时候，我往往还是沉不住气。高三开始，大家都已经进入了状态，可儿子还在晃悠，还整天在电脑上消磨不少时间，我一生气就把电脑给拆了。那个时候我很急躁，只想着电脑会影响儿子备考，却没想过拆电脑这种强制行为不但没有让儿子状态好转，反而让他对我有情绪，不愿意和我交流，更加影响学习。没有办法，我只好调整心态，重新给儿子把电脑装上。那时我心想，如果他能考上名牌大学更好，考不上也没关系，但不能以牺牲我们母子这么多年的良好关系为代价。

儿子的整个高三阶段，我一直在调整自己的情绪：让自己耐心一点，再耐心一点。并且一直提醒自己学习是儿子自己的事情，考北大也是他自己的目标，只有自己想明白了，他才会调整，我不能逼他，否则适得其反。即使到了备考的最后关头，我还是没有逼儿子，也还是耐心地等待他自己的内在觉醒。一模之前儿子的学习状态不是很好，还老是玩手机，他觉得偶尔玩一下没有影响，但实际上在最后的冲刺阶段，他还是不够专心。我跟他沟通，希望他不要玩，但是他不听，结果一模成绩出来后，很不理想，他自己也明白了，主动把手机上交，不玩了。

小学，初中，高中，陪伴儿子一路走过来，我也越来越了解儿子，儿子需要自己思考，自己经历挫折，最后自己明白道理。儿子考进北大后，我以为我可以踏实下来，想着他接下来就应该一路向上，出国留学，毕业后跻身国际大公司，总之成为大家心目中的精英。可是儿子总是有他自己的主张，他的路不在我们的计划中。

儿子大学学的是物理，当初填报志愿是他自己选的，可是到了大学，他却告诉我们，他不喜欢物理，物理太没意思了，天天刷题，不是他想要的大学学习生活，他感觉非常迷茫，于是他一头扎进了山鹰社，在北大这个非常著名的社团里挥洒自己的汗水，挥霍自己的青春年华。大学4年，我们两次收到了学校给儿子的学术警告，提醒我们儿子如果再不好好关注学习，有可能被退学。有一个学期，他竟有3门主课不及格。

我苦口婆心地跟他聊过，跟他说未来的责任，但是他当时的心思完全不在学业上。将近3年的彷徨，儿子最后决定本科毕业后不再继续学物理，他选择跨专业考研，他要学经济。对于他的选择，我和先生目瞪口呆，但还是依从了他，心想只要他回归学业，有学术追求就好。儿子最终还是有惊无险地从北大毕业，并考上研究生学习数量经济，目前在澳州国立大学攻读博士学位。

我很欣慰，终于等到儿子从迷茫中走了出来，找到了自己未来的目标和方向，完成了身心的自我转化。儿子后来跟我说：妈妈，我当时真的学不进去，我一门心思就是想要冒险和心跳。很庆幸，那时我们没有给他更多的压力，没有逼他做他自己不喜欢的事情，使他没有因此而沉沦。

耐心等待儿子自己的调整、改变，虽然过程很艰难，但是我们做父母的挺住了，我们的坚持帮助儿子圆梦北大，并走向更为广阔的世界。这期间我自己也收获颇丰，我越来越坚信不管是学习，还是未来的方向，都要男孩自己去探索。我们做父母的只要给予足够的耐心，才能让男孩有机会做最好的自己，才能使他们更有主见，更有创造力，自我觉知的能力更强。

04 小学男孩更需要同性伙伴

小学阶段是男孩人际交往的关键期，因为交往范围扩大，认知能力不断提高，良好的交友体验会给他一生的情感建立打下好基础。再加上，男孩子在小学阶段，围绕他们的教师群体主要是由女性组成的，在这种教育环境下成长起来的男孩子难免会有些偏女性的气质，与同性小伙伴的交往会从一定程度上弥补这个缺陷。

小学阶段是男孩人际交往的关键期，因为交往范围扩大，认识能力不断提高，良好的交友体验会给他一生的情感建立打下好基础。所以儿子上小学时，我特别鼓励他交朋友，尤其是同性朋友。我觉得世界上最美好的事情之一，就是拥有好朋友，再加上，男孩子在小学阶段，围绕他们的教师群体主要是由女性组成的，在这种教育环境下成长起来的男孩子难免会有些偏女性的气质，与同性小伙伴的交往会从一定程度上弥补这个缺陷。

儿子在小学阶段有两位非常重要的朋友，第一位朋友于明是儿子跳级升入三年级后结识的。他们的友谊属于“不打不相识”，刚开始于明经常欺负儿子，当时于明坐在儿子的后面，他总是要么上课的时候从后面用铅笔敲儿子的头，要么就是课间休息时，趁儿子不注意，突然伸腿把他绊倒。儿子很苦恼，经常回家向我抱怨，甚至寒假回爷爷家时，也会跟爷爷告状，说于明欺负他。起初，我觉得男孩子之间这些打打闹闹很正常，就没有刻意去干预，因为我一直觉得，在孩子之间产生矛盾与冲突时，大人最好别贸然介入，以所谓的“权威”给予评判，因为在孩子的世界中有自己的游戏规则，可以适当地把解决问题的权力交给孩子。

后来爷爷告诉我儿子很想找机会打于明，感觉好像真的有受不了的委屈了。听到爷爷的话，我吓了一跳，担心儿子遭受了所谓的“校园暴力”，特意找了个机会和儿子认真聊了一番。当我仔细听完儿子描述的细节后，认定两个孩子的矛盾还属于正常。虽然如此，可看着紧张无助和焦虑不安的儿子，我决定还是好好安慰了一下他，淡化他被欺负后不舒服的内心感觉。我故意语气轻松地告诉儿子，因为这是他和于明的矛盾，所以爸爸妈妈、爷爷都没有办法帮他打于明一顿，这样做对于明不公平，接着非常认真地和儿子讨论了一下应该怎么办。我陪着儿子天马行空想了很多办法，最后我鼓励儿子既然于明比他身强力壮，那就多动脑筋，想办法用脑子打败于明。

儿子开学后，因为不放心，我还是特意向孩子的生活老师打听了一下于明的情况。老师告诉我于明这个孩子除了家庭环境不太好，学习比较差，有些调皮之外，其他方面还不错。于是我放下心来，希望儿子能够通过自己的努力找到一个解决的办法。

可是儿子的爷爷却很紧张，我安慰他，我们不妨把孩子一时被欺负看作是孩子成长的一个契机。如果父母担心孩子被欺负而保护过度，那么孩子永远也无法学会如何平等交往、自我调节；父母若上前替孩子打抱不平也不可取，独立解决问题是孩子学习人际交往的必然过程，也是孩子自己成长的过程，需要孩子在真实生活的碰撞中，自己做出决定。爷爷虽然觉得我说得有道理，但还是担心儿子太小，斗不过比他大的同学。

大约过了两周后，儿子回到家兴奋地告诉我："妈妈，我和于明交朋友了。"原来儿子有一次发现于明数学作业做得很困难，于是就主动上前帮助了于明，并且还告诉他以后有不会的题他都可以帮忙讲解。一来二去，于明很感谢他，就告诉全班的同学以后谁都不许欺负儿子，因为他们是朋友了。小孩子们之间的感情真是很纯真，我高兴地夸奖儿子："你可真棒啊，通过自己的努力交到了一个朋友。"

于明是个胆大，有主见，敢于表达自己想法的男孩子，在他的影响下，儿子胆子也逐渐大了起来，并且迅速适应了新的环境。后来两个人还合伙策划了一件轰动全校的事情：联合班里的同学签名向学校反映，把班上一位不负责任的宿舍管理老师换掉了。事后我从儿子口中得知，在整个事件中，面对来自老师的压力和同学的议论，两个男孩直到最后都彼此维护，彼此鼓励。

儿子和于明成为朋友之后，有不少好心的家长提醒我，赶紧让儿子远离于明这样的“坏”男孩子，小心别被带坏了。我却觉得，家长若是以家庭经济条件、学习成绩为理由限制孩子的友谊，很容易让孩子产生交往障碍。在孩子交朋友的过程中，家长最应该做的是既不随意贴标签，也不要替孩子做出判断，要根据具体情况帮助孩子分析对方的优缺点，引导他们取长补短，共同进步。

儿子的另外一位好朋友，是儿子班上的班长王轩。轩各方面都特别得优秀，学习成绩一直名列前茅。由于我们一直没有在分数和排名上给儿子定具体的目标，所以儿子虽然一直喜欢学习，对新知识充满渴望和好奇，但学习成绩并不非常突出，也不稳定，时好时差。但自从儿子开始佩服起轩后，他对学习的态度悄悄地发生了转变。我看在眼里，就鼓励儿子主动接触王轩。儿子发现轩会背很多古诗词，有很多难度特别大的也会背，于是儿子也尝试着开始背诵古诗词，还特别挑战很长的《蜀道难》和《长恨歌》。当轩看到儿子也能流利地背诵《蜀道难》后，对儿子刮目相看，两个小孩开始逐渐接近，最后成为了好朋友。虽然两个孩子彼此欣赏、彼此喜欢，但是内心里又都憋着一股劲儿，那就是男孩子特有的不服输、力争上游的劲儿。儿子在攀岩方面比轩强，轩不服输，从开始不敢爬到最后攀得很好；轩的数学尤其好，儿子也不甘示弱，经常挑战难题想找机会超越轩。

不同的朋友对儿子的促进是不一样的。轩是大家公认的优秀的孩子，在常人看来，他给予儿子的全部都是正能量，学习好，有竞争意识……他帮助儿子有了学习目标，有了更高的追求，的确，这样的朋友应该归类于“好朋友”。于明也是儿子的好朋友，虽然他表现出的“坏孩子”特点有点多，但在我看来，于明身上展现的小男子汉的气概很好：胆大，敢于挑战他人。这也是当时儿子缺乏的，和于明在一起大大增强了儿子的阳刚之气。男孩们在交友的过程中会遇到不同类型的朋友，就像于明和王轩属于完全不同的类型，但他们从不同的方面给了儿子不同的影响，最后都彼此成就了最好的自己。

现在很多的家庭把小男孩养得很精细，总是告诫孩子不要惹事、不要打架，不要和表现不好的人交朋友，等等。这些举措给男孩营造的环境过于单纯，造成很多男孩成人后缺乏男儿气概。不要让大人们的偏见误导了孩子对朋友更广泛的接纳，未来他们将碰到更多不同的人，他们会和很多不同的人成为朋友，成为同事或者合作伙伴，这需要早早地培养男孩子与各种人交往的能力。

男孩的交友过程会遇到很多问题，不会一帆风顺，就像儿子和于明，他们是由冲突开始的。很多时候，家长感觉自己的儿子被欺负了，就会忍不住跳出来为孩子做主。其实家长们最好不要着急介入男孩之间的冲突，静观其变，随着关系的发展，他们自己会调整尺度。就像我儿子这样，我只是接纳，然后安抚，提供合理建议，放手让他们自己解决问题，如果我们粗暴干涉，那就是妨碍了男孩们交往能力的提高。我有一位高龄得子的朋友，她对儿子总是一种“护犊子”的心态，在儿子和其他男孩相处时，她总害怕儿子会和他们发生冲突，担心孩子吃亏，所以一遇到矛盾就让男孩回避。不言而喻，成长的阶段父母都没给孩子机会，那长大以后男孩更是不敢和他人有任何的冲撞。天性遭到压抑，这对男孩来说是一场灾难。如此，他何来勇气去发展友谊，更不用说拓展人际交往能力了。

男孩大多争强好胜，有些时候，相互欣赏的朋友一方落后了，会对另一方产生嫉妒，这很正常，当父母的切忌不要觉得自己的儿子某些方面弱就盲目地批评自己的儿子不够努力，打击了孩子的自信心，要告诉自己的儿子，没关系，在父母眼里你永远是最好的，要接纳对方的强，你也有自己强的地方，父母的心态好了，孩子们自然就没问题了。如果是自己的孩子强过对方，更要接纳对方的不良情绪，不能粗暴指责，要告诉自己的孩子珍惜友谊，朋友之间就是要互相理解和尊重的。

还有的时候我们也会发现这样的问题：自己的儿子不和以前的朋友玩了。很多家长会拿成人的标准来质疑孩子喜新厌旧，这样做通常情况下会让男孩们产生反感。正确的做法是先了解具体的情况，要问孩子为什么不跟以前的朋友玩了，如果孩子说出了自己的原因，我们也要尊重孩子交友的意愿，不要强迫孩子必须去维持一段友谊。但如果是自己的儿子被冷落怎么办？脆弱的男孩这个时候首先需要的是我们家长的安慰，我们要给予情绪的安抚和理解，然后告诉他们：交朋友也要顺其自然，要尊重对方的选择，不要太难过，也不要心怀怨恨，因为今后还会认识新的朋友。

男孩和同性交朋友的过程，需要父母积极地关注和引导，他们会不断地交朋友，有的时候也会失去朋友，成长的烦恼就是这样，要接受这个现状。小男孩在父母的关心和引导下体验一种关系的建立、失去、再建立，这些都有助于他们今后更好地融于各种社会关系。儿子上大学后，我记得有一次跟我说：妈妈，我现在觉得特别好，我跟每个人都能交朋友，我跟他们都没有障碍。我没问儿子为何跟我说了这样的话，但我想他可能是想告诉我，我曾经给予他的交友自由，对朋友的尊重和平等相处，这些在他的生命历程中都很有益处吧。

05 运动是男孩成长的最好助力

对小学男孩子来说，运动和学习一样重要。运动不仅能强健男孩的身体，还能使他们在其他许多方面得以均衡、健康地发展。

我觉得运动对于小学男孩来说有一个很重要的意义，那就是男孩们需要通过一些体育运动体验彼此的身体碰撞和冲突，增强自己身体的对抗能力，提升自己的男儿气概。尽管我们的社会审美标准不断变化，中性气质好像也成了一种潮流；社会学家也一直强调男女平等，弱化男女有别。但是从生理学和心理学的层面来讲，应该让男孩更具男儿气概，这对他未来的职场和家庭的角色来说都是有积极意义的。

儿子因为跳级在身体的发育上和同班级的孩子还是有差距的，所以在小学五六年级很多男孩喜欢玩篮球的时候，他却不愿意玩，因为各种球类运动都是避免不了身体的冲突和碰撞，他个头小，拼抢的时候没有优势，再加上同学不愿带他玩，所以他就做“鸵鸟”不愿意主动去尝试。我也曾经认真地和儿子交流，希望他能尝试篮球运动。有一次我故意激将：“儿子，你不喜欢打篮球，是不是因为害怕呀，不敢和同学身体接触，对不对?”儿子仿佛被说中了，脸涨得通红，我继续说：“你不能回避这个问题，男孩必须要在这样的运动中，敢于承受身体的冲撞和冲突，才像男子汉。况且，篮球还能让你学会和队友配合，既有竞争又有合作，是一个很好玩的运动。”那天儿子很不高兴，觉得妈妈认为他没有男子气概，跟我赌气说：“我就不玩篮球，我不喜欢”。面对儿子的排斥态度，我没有强迫，我知道他是一个会主动思考的孩子，要给他时间慢慢消化，不能一下子把他逼上绝境。过了一阵子，儿子特高兴地告诉我说：“妈妈，我今天玩篮球了，大家一起玩可有意思呢”。我没有嘲笑儿子出尔反尔，而是开玩笑地说：“你不是不喜欢吗? 怎么又觉得有意思了呀!”儿子不好意思地傻笑了。

其实，男孩们一起玩耍、运动，对他们的人际关系发展有很大作用，不仅可以开阔他们的心胸，锻炼他们的毅力，结交更多的朋友，还能使他们养成与人合作和遵守规则的行为习惯，增强竞争意识……这些都为日后的社会需要打下良好的基础，儿子一定是亲身体会到这些乐趣，所以他才那么高兴。

运动能提高学习效率。小学男孩精力旺盛，注意力不容易集中，很难专注地在课堂上学习，或者回家安静地写作业，如果不引导他把过剩的精力用在有益的活动上，他可能会精力旺盛地做出一些你无法想象的“坏事”。运动恰恰能帮助男孩释放身体里面的高能量，使他们的过剩精力得到正当宣泄，从而做事更为专注。很多喜欢运动的男孩学习效率也高，就是这个道理。所以我是全方位地让儿子参加各种运动，除了室内的活动，更多的是带儿子去户外撒欢，去攀爬，目的就是让儿子在整个学习生涯最宽松的小学阶段养成运动的习惯，让学习变得相对轻松起来。

男孩天性好动，让男孩爱上运动有很好的先天条件。但每项运动都有其难点和技巧，每个孩子都有自己的弱点，因此学习的过程绝对不是一帆风顺的，只有克服自己的心理障碍，才能掌握好运动技能。

我儿子学游泳的过程就十分曲折。开始阶段很顺利，在教练的训练下，儿子很快就能带着浮板自己扑腾着游了，可令人纠结的是他一直不肯尝试摘掉浮板自己游。教练好说歹说，儿子就是不吭声；我劝了半天，他也只有俩字“不敢”。有一天，教练用了一个小计策，趁儿子还没戴上浮板，往泳池里扔了一个气球让大家去抢，先抢到的小朋友有奖。看到别的小朋友都跳下水，儿子也忘了浮板的事儿，也跟着跳了下去，刚开始的时候儿子惊慌地在水里扑腾，很快就不自觉地游起来，当听到教练说：“你看，这不游得很好”这句话时，他才发现自己没带浮板也能游泳了，这让儿子很兴奋，仿佛是要验证教练的话似的，他在游泳池里游了一圈又一圈。那天儿子终于战胜了自己内心的恐惧，开始自由自在地游泳了。摆脱了对浮板的依赖，更是让他勇气倍增。其实，男孩子运动的意义不是成为冠军，而是这样一次次地战胜自己，挑战自我。

适当的运动能分泌一种荷尔蒙，这种荷尔蒙使我们心胸开朗、精神愉悦，头脑清楚、思维清晰，也就能帮助我们的男孩缓解压力，获取新的动力。高三那一段时间，学习压力特别大，儿子每天都会去操场上和同学们打会儿篮球。后来怕万一受伤影响考试，他就和同学在课间比赛做俯卧撑来宣泄压力，那个时候每天会做100多个，出汗之后才能静下心来继续用心攻读。攀岩和爬山都是儿子在小学的时候接触的运动，初高中的时候其实玩得也不是很多，毕竟时间有限，但还是在心里埋下了热爱的种子。儿子进入北大以后，一下子就被未名湖畔的攀岩壁所吸引，加入了山鹰社。当在大学学习感到非常迷茫，不知未来的方向在哪里的时候，他就把更多的精力放在了攀岩和登山上面，不停地在征服中挥洒汗水和泪水。那时，如果不是因为喜欢运动，估计儿子也会沉迷于网络游戏，但是他选择用运动来排解自己的迷茫，也终于在运动中清醒了头脑，找到了自己未来的目标。就算是现在在国外攻读博士学位，儿子仍然利用攀岩和羽毛球来作为自己学习之外的调剂，缓解学习上的压力。

学习运动的过程中不仅可以让男孩们开阔视野，学习很多新的东西，也会在运动过程中加入自己的思考和智慧。运动的确能促进学习能力，帮助男孩子的行动跟上他们的思维。儿子会的很多运动科目都喜欢自己先琢磨，像打乒乓球、羽毛球等，他都是先看书学习技巧，然后再在实际中操练，这样的学习让他对运动更有兴趣，也更能坚持下去，同时锻炼了自己的思维能力，比如打乒乓球，这是一项能促进大脑的血液循环，具有一定的健脑功能的运动。因为乒乓球的球体小，速度快，攻防转换迅速，打法丰富多样，既要考虑技术的发挥，又要考虑战术的运用，这就要求大脑快速紧张地思考，儿子曾经读了不少相关的书籍，还观摩了不少大师的比赛录像，钻研打球的精神和啃难题的劲头一模一样！

“少年强则中国强”，一直很喜欢这句话，这也是我养育儿子的座右铭，这个少年强的“强”字首先应该就是身体的强健，而运动是让孩子们拥有健康身心的重要因素。很多家长都明白孩子的学习成绩要从小抓起，但同时也要让男孩子爱上运动，切实感受到运动的魅力，让运动成为他们受益终身的好习惯，成为帮助男孩们提高成绩、健康成长的有效方式，这才是聪明家长的选择。

小学阶段是男孩们心智成长的重要时期，他们从儿童走向少年，不仅要学习如何汲取文化知识，还要学习如何做人、如何生活……在这一过程中，他们有了越来越强的独立意识，家长应逐步放手，引导男孩自己做出正确的选择。

Chapter 2

那些妈妈应该懂的事儿

01 初入小学，我们都需要一个缓冲期

升入小学后，男孩在各方面都需要一个适应过程，虽然在幼升小的前一年，幼儿园的教育中会加入一些幼小衔接的教育内容，家长们也可能会带孩子上学前班，让孩子去提前适应小学生的学习生活。即便如此，很多男孩上学之后仍然不能很快适应小学的学习和生活状态。这种情况下，需要家长耐心引导。要充分了解男孩在这一成长期的特点，给孩子一个缓冲期，允许他们慢慢来。同时家长也需要给自己一个缓冲期。因为很多父母在孩子刚上学的时候表现得又兴奋又焦虑，这种焦虑的状态不利于帮助孩子适应小学生活，所以家长们在帮助孩子适应小学生活的同时，也要调整好自己的心态。

小学跟幼儿园有本质的不同，小学意味着孩子们的求学之路正式开始，不管是孩子还是家长都是既紧张又兴奋。我们的家教课堂曾经做过一个幼小衔接的主题沙龙，请了家长、优秀的小学老师以及家教专家一起交流如何让孩子们更好地适应学校生活，当时我们总结出几个需要家长要特别关注的问题。

行为规范的培养和建立。从小学开始，男孩子就应该具备较强的时间概念，上学不能随意迟到，上下课要按时按点，这是开始小学生活的前提。家长要及早地调整时间，让孩子早点适应小学的作息，同时自己也要做好每天送孩子按时到校上课的心理准备，遇到天气变化需要有预案，不要轻易迟到或者请假。因为很多小学规定迟到会影响整个班级的荣誉，孩子也可能会受到老师的批评，因此不要让孩子因为家长的失误而承受压力。

其次是纪律问题，这个问题在男孩身上特别突出。小学课堂不像幼儿园时期那样自由，虽然随着社会的发展，现在的学校和老师都最大限度地尊重孩子的天性，碰到刚入学的孩子发生类似随意走动这样的问题，老师们一般不会严厉地批评，只是善意地提醒，不会给男孩们很大的压力。但是课堂是大家的，随意走动会影响教学质量。集体生活中，自由是需要有限度的。刚入学的孩子如果没有纪律的约束，是无法在课堂上保持安静和投入的。现在教育环境下，为了尊重孩子的天性，老师可以选择有限的宽容，但是家长不能也跟着宽容，家校的教育应该是相辅相成的。在老师宽容接纳孩子的同时，家长耐心引导，帮助男孩尽快提高规则意识，告诉他们遵守课堂秩序和遵守纪律的重要性。相信有了学校和老师的愉快接纳，再加上父母的谆谆引导，男孩们能很快以规范的状态适应小学课堂。

整理物品也属于行为规范的范畴。老师们普遍反映男孩课桌上的物品乱七八糟，书包也是很乱。经常看到有的孩子为了找一件东西把书包里的东西全部倒在地上寻找，找完以后再胡乱地把所有东西塞进书包，下次找东西还这样。其实别小看整理物品这件小事，这是孩子走向独立的一个表现。特别是男孩，不喜欢收拾整理物品，家长们也觉得无所谓，习惯性地帮助男孩整理物品，结果造成男孩在这个方面能力很弱，很多男孩上了初中还是不擅长整理书包。这是很不好的行为习惯，不仅影响学习效率，长期持续下去还会影响责任心的建立。我自觉在这个方面做得还不错，儿子小学住校，每周除了需要整理书包，还要收拾自己的衣服。我除了第一周送他到学校，帮助儿子熟悉了一下宿舍的环境，看着他把自己的东西一件件地放进宿舍的柜子里之外，后来小学几年我就再也没有进过他的宿舍，所有事情都是他自己独立完成。相比之下，有不少父母一直不放心，每周都要把孩子送到宿舍，帮着孩子整理东西。这种越俎代庖的做法其实完全没有必要，男孩们可以做到自己的事情自己做好。父母一定要改变观念，相信孩子，放手让男孩从整理物品开始逐步学会独立。也许初期男孩们可能丢三落四，但父母们要沉住气，想要避免将来给男孩送书本到学校的麻烦，那就帮助孩子逐步养成有条理的行为习惯。1个月不行2个月，2个月没做到那就一个学期。如此，男孩们不仅学会整理物品，还会形成良好的独立意识。

小学是一个人社会化的真正开始，大家在一个公共的环境当中生活学习，互相包容，互相促进，就必然要遵守规则和纪律，不能再我行我素。

孩子进入小学，家长们最关心的是自己的孩子能不能跟上学习的节奏。其实现在的学校充分考虑了一年级小学生的特点，头两个月的学习进度比较慢，给孩子们留的作业也不多，大部分的男孩都能跟得上学校的节奏。上过衔接班或者学前班的孩子可能在初期能掌握得好一点，但是持续优势不会超过一个学期，所以家长们大可不必焦虑。我觉得在孩子们适应学校的缓冲期内，重点就是要培养孩子的学习意识和学习习惯。学习的意识来自于对学习的兴趣和内在的学习动力。其实孩子们对学习都是有着天然的兴趣，他们的求知欲是天生的，因为对未知的世界感到好奇是人类的本能。

但为什么我们的很多家长觉得男孩对学习知识没有兴趣呢？现在情况比较复杂，主要是由于外界的干扰和诱惑比较多。比如手机游戏的泛滥，电子信息的丰富多彩，这些对男孩来说都是很大的诱惑，而相对这些诱惑学校生活会枯燥一些，因此男孩们对学习兴趣弱一些也正常。我觉得作为父母在新的时代和形势面前要调整好心态，做到不偏激，不武断，不搞一刀切。暂时接受他们刚开始对待学习的漫不经心，贪玩，忘记写作业的状态，帮助他们学会自我约束，平衡学习和游戏的关系，给男孩们一定的缓冲期，慢慢他们也会爱上学校、爱上学习。其实现在学校给予刚入学孩子们的空间很大，3点多钟就放学了，作业也不多，孩子们有很多时间可以自己支配。我们只需要配合学校，督促孩子完成分内的作业就可以了，最好不要布置过多额外的作业来占用孩子的课余时间。

有部分家长看到孩子作业很少会产生一种焦虑，觉得孩子们掌握的东西太少了，将来无法面对残酷的中考、高考竞争。因此从孩子迈入学校的大门开始，家长们的神经就开始紧张，唯恐孩子从一开始就落后了。其实家长的心情可以理解，但是我觉得保持孩子对学习的兴趣，比当前掌握更多的知识更重要。特别是对于刚上小学的小学生来讲，一切都是新鲜的，他本来对学校的课程和知识并不反感，只是兴趣和动力还没有完全被激发出来，如果我们一味地给孩子增加学习负担和学习压力，就可能会引起孩子的消极抵抗，也许还会影响孩子的学习兴趣和学习热情。

有的家长在焦虑心态的影响下对孩子缺乏信心，看到孩子进入小学后的适应速度比较慢，就会武断地下结论：我的孩子对学习没有兴趣，我的孩子贪玩，我的孩子没有上进心……这样的言论会直接伤害孩子的学习兴趣。更有一些偏激的家长，不让孩子玩游戏，美其名曰怕影响学习，这等于从一开始就把孩子的兴趣爱好、玩耍都和学习对立起来，彻底地打击了他们学习知识的兴趣，更别说激发内在的学习动力了。

面对孩子的新生活，家长们有点紧张比较正常，但是如果转化成焦虑就不好了，这种焦虑可能是由于对孩子有过高的期待而造成的。但这其实是不现实的，所以家长们要调整好心态，抓住问题的关键，那就是培养孩子的学习意识和学习习惯。如果从一开始男孩的求知欲就被父母的急躁和焦虑湮灭了，那孩子今后的求学之路就会走得更困难。

在幼升小的沙龙上，小学老师还特地强调了关于专注力的培养问题。小学一节课40分钟，为了让刚刚从幼儿园出来的孩子能够在这40分钟获得更多的知识，就需要家长有意识地对孩子进行专注力的训练。老师们反复强调：小学阶段培养专注力，培养自学能力很重要的，每位家长都要引起重视。我在本书里有一篇文章专门讲专注力的培养，在这篇就不赘述了。

相对于幼儿园来说，小学生必须要面对的一个问题就是考试。虽说现在教育改革后小学阶段是淡化考试的，对学生的评价也很少用具体的分数来衡量，但是考试和考核的概念还是需要传播给孩子的。我的观点是我们可以不重视分数，但要重视考试；可以不苛求考试成绩，但必须培养考试的能力。毕竟未来的求学和生活当中都离不开考试。我们要保护孩子的天性，但也不能让孩子活在真空中。考试并不能打击孩子学习的积极性，考试也不会对孩子造成伤害，引起考试负面反应的原因是我们父母对待考试成绩的态度。如果家长们看待考试的心态积极正常，考试反而能促进孩子们努力学习，追求上进。尤其是对于男孩来说，适当的竞争是非常有必要的。

—丹教育研究奖获得者，斯坦福大学教授卡罗尔·德韦克

(Carol S. Dweck)说过：“教育的关键是要让孩子相信，他拥有让自己变得更好的力量。”我认为这种力量一定是慢慢培养起来的，所以不妨给男孩子们一块慢慢成长的土壤，家长和他们一起播种，一起成长，一起收获。

02 遵从内心就是最好的选择

在养育孩子方面，母亲并不意味着为了得到周围人的认可就最大限度地放弃自我，而是应该仔细聆听自己内心的声音。不要勉强自己，要找到自己内心能够接受的平衡点，在生活中不断调整，尽可能地寻找适合自己和孩子的最好方式。

我相信所有的女性在成为母亲之后，都希望能够平衡努力工作和养育孩子的紧张关系，这对于职场妈妈们来说确实是一个很现实问题，很多妈妈常常会因此而力不从心。不久前，我的一位年轻女性朋友就是因此而从职场完全回归到了家庭。在此之前，她是一家著名公司的部门主管，工作得心应手，年轻、能干、有前途，正可谓是春风得意之时。可是这一切都随着她的儿子上了小学而发生了巨大的变化。小家伙学习成绩不佳，老师三天两头地找家长告状，让她的心情每天都像坐过山车似的提心吊胆，面对工作也常常心烦意乱，因此影响了工作状态和工作业绩。在养育孩子方面，也对自己无法抽出更多的时间陪伴儿子产生了强烈的内疚感。这种情况下，她不得不选择放弃打拼多年的事业，完全回归到家庭中全心全意教育孩子。

我十分理解那些无奈放弃工作回归家庭的职场妈妈们进退两难的痛苦。今天现代女性虽然被赋予了更多的选择，但承受的期望值和面临的压力也越来越大。职场妈妈们既要和男性一样辛苦地履行工作职责，又要承担起做一个好家长、好妈妈的社会职责。

其实，我也曾经面临这样的焦虑与压力。儿子幼儿园大班时，正好是我公司的起步阶段，那时每天都十分忙碌，根本无暇照顾儿子，因此不得不将他送去寄宿。因为不能陪伴在他身边，我常常自责，感觉自己是位糟糕的妈妈。因此在儿子要上小学时，我决定不让儿子继续住读。但是在给儿子挑选学校的过程中，有个很现实的问题难倒了我们，那就是小学放学时间大都是下午3点40分左右，而这个时间段是下午处理各种事务的高峰期。当时先生的工作也非常繁忙，如果没有其他人的帮助，依我们俩的情况很难实现每天按时接儿子放学。考虑到我们双方的父母没有办法来帮助我们，因为各种原因我们也不便于请保姆，因此我们不得不想办法自己克服困难。

我和先生一连几天认真讨论了这个问题，最后决定每周一三五我接，二四他接。排班定下来了后，我们俩决定虚拟尝试一周，就是在下午3点40分左右放下手中的工作，放空自己一个小时左右。前3天我和先生都努力做到了，但是接下来的周四，先生就打电话告诉我，他今天没有办法做到了，因为有个非常重要的会议需要他主持，而那时我正在外和客户谈事情，难以抽身；到了周五公司突发状况，我必须亲自处理，可是我打电话给先生时，他没有接电话，只是回短信让我自己处理。当天晚上我们之间爆发了争吵。冷静下来后，我意识到，尽管我们非常爱儿子，但由于工作关系，根本无法保证按时接他，可能还会为此发生家庭争执，让他处于父母战争的漩涡之中，对整个家庭的亲密关系也有害无益。

我扪心自问可否停下公司发展的脚步，但也清楚那种“在路上”的感觉对自己有多么重要，同时也坚信职业妈妈会对孩子成长有长期积极的影响，会帮助孩子更早与社会接触，提前了解各种生存与工作的规则。经过激烈的内心挣扎，最后我还是通过几个月认真细致的考察，为儿子选择了一所相当不错的寄宿学校。

送孩子到学校寄宿这一话题一直备受争议，对很多教育专家而言，这就是对孩子不负责任，是一种自私的表现，我们经常被告知：工作没了可以再找，可是错过了孩子的成长那就是一辈子的事情！前苏联教育家苏霍姆林斯基就曾经说过：“最好的寄宿学校也不能代替母亲。”这话我非常同意，家庭教育对孩子的成长有十分重要的作用。可是生活不是教科书，计划赶不上变化，每个家庭面对的生活难题都不一样。什么才是最佳的选择？要遵从内心的想法，而不是简单地用对错来衡量。

1991年，由美国国家儿童健康和人类发展协会主办的早期儿童护理研究网对1000多名儿童进行了为期15年的跟踪研究，按时间记录儿童看护与儿童发展之间的关系，尤其对比了由母亲专职照顾与一般看护的结果。他们的研究表明："由母亲专职照料的孩子和那些由母亲和其他人同时照料的孩子在个体发展上并无不同。"此研究同时还表明："父母的行为因素，比如责任心、积极乐观以及较高的婚姻感情亲密度，对孩子的积极影响比任何形式的看护照料要多2～3倍。"

让儿子寄宿是我无奈的选择，但也是最好的选择。因为那个时候的我已明确自己无法放弃对事业的追求，但同时也知道身为母亲的重大责任，所以如何在有限的时间给予儿子更高质量的爱和陪伴就是我要解决的问题。儿子寄宿后，我告诉他周一至周五我们三个人各忙各的，周五晚上只要他回到家里，我们三个人的生活就全由他来安排。我和先生非常努力地兑现了我们对儿子的承诺，平时我们两个人收集各种娱乐方式和亲子游戏，等儿子一回到家中，我们两个人的时间就雷打不动地属于儿子一个人，做到真正有质量的陪伴。儿子很享受当家做主的感觉，每次回学校前，都迫不及待将下次回来要我们陪着做的事情安排好。他爱看电影，我们一家三口就几乎每周看场电影，散场后一家人溜溜达达地边聊天边走回家，至今想起来我都感觉很幸福。因为确定了周六周日是陪伴儿子的时间，所以平时我工作起来非常有效率，陪伴儿子的时候也就更加专注和有耐心。

记得有一次陪儿子去游乐场，儿子玩尽兴后，表扬我说那么多陪着孩子的父母，只有我一直跟他有互动，其他的家长不是在玩手机就是在聊天。儿子小学六年时间里，跳级一次，我们陪他学会了游泳等各项他认为男孩子应该具备的运动技能。而作为妈妈，我除了关注儿子的学业，陪他学乐器，上了他感兴趣的课外班以外，还注重与儿子的沟通。我们常聊他学校的事，聊他自己的小秘密，有时候也聊聊我工作上的困难，这个时候，儿子往往像大人一样积极为我出谋划策。这段时间建立起来的亲密时光让我们和儿子都受益匪浅。迄今为止我们也乐于一家三口围坐在一起，分享彼此的快乐与苦恼。

现在，全职女性每周需要工作40～60个小时，除此以外，还要承担相夫教子、料理家务等家庭责任。这些压力往往使她们不堪重荷。经常有职场妈妈在面对繁重的工作和琐碎的家庭事宜难以招架，甚至崩溃。这种崩溃的结果往往是将沮丧、疲累、抱怨、愤怒等一股脑儿地发泄在家人的身上，弱小的孩子自然是首当其冲的受害者。所以在我看来，孩子的成长需要父母的参与、关爱和陪伴，但不应该用陪伴时间的长度来衡量对孩子的爱，而应该用高质量的爱和陪伴给孩子一个良好和睦的家庭环境，利用这种陪伴建立父母与孩子之间亲密的情感纽带。

相比我那个时候，现在社会进入了一个更多元化的时代，女性可以有多种选择。但选择越多，越容易迷茫，也就越要慎行。文章开头提到的那位职场精英，她回归家庭后角色转换得并不顺利。她告诉我，自己很不快乐。看到朋友们都在忙自己的事情，自己却陷于家庭、与世隔绝，两个星期后，她就几乎心理崩溃。再加上还要面对儿子学习上各种问题，以前在工作中那个自信的自己好像不见了，虽然有时间陪伴儿子了，但是自己的情绪特别不好，有的时候儿子一点小事没处理好，她就会失声痛哭。每逢这个时候，孩子就惊恐万分，不知所措，进而发展到有时候她的一个眼神，就让儿子紧张地问妈妈是否自己又做错了什么。看到调皮捣蛋的儿子变成这样，她内心更为痛苦，却又无法改变。

我的朋友圈中还有位妈妈，因为年幼时，忙于工作的父母将她托付给了外地爷爷奶奶抚养，长大成人后，她与父母之间的感情更多是道义上的责任，无法建立亲密的感情，这成为她终身的遗憾，所以儿子出生后，她毅然离开工作岗位做了全职妈妈，只为给孩子最亲密的陪伴。

如同职场妈妈不适合每一位女性一样，全职妈妈也是如此。比较这两位妈妈的心理感受，自动离职的那位妈妈将陪伴孩子视作了是重新为自己选择的一种生活方式，因而非常享受陪伴的过程；而我的那位职场精英朋友，是迫于压力不得不做了全职妈妈，所有的纠结、抱怨都在于她不爱这件事，认为是不得不付出，所以每一份付出都带来阴影，而这一切，孩子一定会成为她负面能量的承受者，陪伴反而成为了一种伤害。

我很庆幸我当年找到了更适合自己的养育儿子的方式，可以继续工作，当然我同样尊重那些与我选择不同的妈妈们。只要遵从自己的内心，没有被外界的压力所左右那就是最好的选择。作为母亲，在养育孩子时，并不需要为了得到周围人的认可，就最大限度地放弃自我，而是应该仔细聆听自己内心的声音，找到自己内心能够接受的平衡点，在生活中不断调整，尽可能地寻找适合自己和孩子的最好方式。在我看来，无论孩子是和我们在一起，还是与我们暂时分离，都要让他们可以感受到我们对他的爱，感受到他们在我们心里的重要地位，这才是我们真正要做的，也是对孩子成长最为负责任的一种态度。

03 给爸爸陪伴儿子成长的空间

根据中外很多心理学家的研究论证，小学阶段是男孩们成长的敏感期，虽然这个时候他们还依恋妈妈，但是更期待男性给予更多的关注。他们开始从母亲这一边的“桥头”有些兴奋和不安地走向父亲那一边的“桥头”。比如他们更愿意和爸爸交流，更愿意向爸爸学习，迫切地需要爸爸成为他们的引路人，想要爸爸更多的陪伴。对爸爸们来说，这个阶段也是最能够在孩子一生中发挥父亲影响力的宝贵时机，其间发生的一些很小的事情，都有可能对孩子产生深远的影响。

现在有很多家庭非常重视爸爸参与孩子的成长，但随之而来的是积极主动的爸爸们在参与的过程倍感挫折和困扰：关于孩子的教育他们完全插不上手，孩子的妈妈俨然是孩子教育的领导者，而爸爸只是被指挥得团团转的小兵，而且在不少妈妈的心目中，认为爸爸们的参与只是帮忙，我就多次听见有的妈妈抱怨，还不如不让爸爸帮忙，结果越帮越忙。

我们必须要明白父亲和母亲是孩子的共同教育者，都有着不可替代的作用。没有父亲的男孩与其他孩子相比，更容易出现自我贬低、行为过激、情绪抑郁等问题。“如果在培育男孩的生活中，没有一名关心他陪伴他的男人，那么就好像在驾驶一架飞机而没有副驾驶一样，是要冒风险的”，所以作为妈妈，在孩子上小学以后要把教育的权利逐步还给爸爸们，要相信他们的教育方法，要给他们更多陪伴孩子成长的空间。

曾经，我对爸爸参与孩子成长也出现过偏差，我当时主观地认为爸爸陪伴儿子最重要的事情就是和他一起参加各种运动项目，让儿子更喜欢运动，因为运动对于男孩很重要。但实际情况是我让先生陪儿子去运动，他总是不积极，即便一起玩也是很快就结束了，儿子并没有玩得很尽兴，因为先生本人就不是一个享受运动的人，他只是出于父亲的责任和儿子一起运动。但是我观察到先生很喜欢带儿子看电影，儿子也非常享受和他爸爸一起看电影的感觉，因为没有妈妈陪着，更像两个男子汉的约会。每次看完电影，先生都习惯和儿子一起谈论剧情和感想，他非常注意培养儿子独立思考的能力，每次都让儿子谈谈自己的看法，有的时候是关于电影内容，有的时候是针对角色的理解。

我记得有一次先生带我们一起看了一部美国电影《垂直打击》，讲的是一位爸爸带着自己的一双儿女去攀冰历险的故事。其中有一个情节：攀冰时，突然遭遇雪崩，儿子必须割断连接自己和父亲身上的绳子，才能保证妹妹和自己活命，否则三个人都会死去，没有第二种选择。当时我觉得让一个小学三年级的孩子看这部电影未免太残酷了，心里还有点埋怨先生怎么挑选了这么一部影片。可儿子那次看得很认真，看完电影后，我们去餐厅吃饭，儿子不停地问爸爸很多问题，因为先生以前是学气候气象的，给儿子讲了很多气候变化冰川形成的常识、原理，儿子听得津津有味，眼神里充满了对爸爸的崇拜。先生还特别认真地和儿子讨论好久关于生死，关于危险，关于男人的话题。最后，先生让儿子记住两件事：男人首先要学会回避危险，其次要敢于决断。

上大学后，儿子迷上了户外登山。他有一次告诉我，每次登山，他都会想起《垂直打击》这部电影以及当时和爸爸之间的谈话。

每个爸爸都有属于自己的个性化陪伴方式，男孩子需要爸爸提供足够的挑战和刺激，而有些妈妈总低估男孩子的能力，给父子俩安排的活动无聊乏味，这对男孩来说可能是令人沮丧的经历，要知道儿子并不需要爸爸像妈妈一样用细腻、温柔的方式与孩子互动。所以妈妈们要尊重和信任爸爸们的教育方法，唯有这样才能树立爸爸在儿子心目中的形象，儿子才更愿意信任爸爸并乐于得到爸爸的教诲，而爸爸们参与家庭教育的主观性也才能被激发出来。这才是真正意义上的让爸爸参与孩子的成长。

那次看电影之后的餐厅聊天，我说得很少，只是在一旁静静地看着父子俩在一起沟通交流，那时我特别感慨先生的思维方式真的和我不一样，并暗暗决定以后要创造更多的时间让他们单独在一起，给先生提供更多陪伴儿子成长的空间。

现在很多家庭的现状是爸爸们工作很忙，经常抽不出时间陪伴孩子，但无论如何，妈妈们仍然要创造机会给父子单独相处的时间。儿子小学的时候，由于平时住校，只有周末才回家，所以我有的时候故意要安排半天的时间自己出门，或是约朋友一起吃饭，或是去办公室处理一些手头上的工作。其实我也想多和儿子待在一起，可是我觉得忙碌的先生能够陪儿子的时间本来就少，如果为他们二人相处创造更多单独在一起的条件，这样他们之间的互动收获更多。

也有不少妈妈跟我诉苦：自己也愿意让父子俩有更多的独处时间，但每次都会出现不同的状况，把自己搞得焦头烂额。比如：有的爸爸和儿子一起玩而忘记提醒孩子完成家庭作业；还有的爸爸不愿意做饭而让孩子和自己一起吃快餐，或者干脆吃方便面……我很理解这些妈妈的苦恼，我也很清楚地记得当初我外出回家看到的场面：餐桌上没有收拾的碗筷，地面上扔着各种玩具，家里一片狼藉。有的时候忍不住想发火，但是看到儿子很享受和爸爸在一起看书、玩游戏的时光，我就觉得这些都是小事，偶尔一次没有好好吃饭有什么关系呢？家里弄脏了可以打扫的，即便没有完成作业也没关系，让他们下次注意就行了，给男孩和爸爸提供更多独处时间才是主要的。

爸爸与孩子共处的时间越长，才能越了解自己的孩子，才能正确地评估他们，了解他们喜欢做什么，知道怎么做才会使父子之间越来越合拍，爸爸们也才会更好地引领男孩的成长。

先生在陪伴儿子的过程，因为看到儿子的成长有自己的付出，所以就更加愿意陪伴儿子。有时候我们一帮妈妈们给孩子组织活动，先生也会主动要求参加。有一次我们组织孩子们游泳比赛，先生还特意请了假去观战，当时到场的爸爸只有先生一个。儿子看见爸爸在旁边给他加油，特别受鼓舞，超常发挥，居然游了第一名。当儿子爬出泳池后，先生一个箭步冲上去，抱住儿子大声说道："儿子，好样的！"当着那么多的人得到爸爸的表扬，儿子有点不好意思，赶紧跑开了。但儿子迄今都记得那个场景。我很庆幸当初不遗余力地给他们父子提供独处的机会，儿子才能自始至终得到这种来自男性的激励，并成长为今天阳光自信乐观的男子汉。

当然父子独处的时间越多，出现的问题也会越多，当父子之间出现争执，就是考验妈妈的时候了。父子相处不同于母子之间的平和，爸爸的支配欲和控制欲会不自觉地作用到儿子身上，往往会因为一件小事，爸爸被儿子惹恼，儿子被爸爸惹哭，甚至有些男孩子在暴怒的情况下会向父亲发飙。有一次先生在陪儿子写作业的时候，发现儿子写错了不是重新涂改了再写，而是直接用笔划几下继续写，先生认为这样很不好，很严厉地告诉儿子要么想好了再写，减少错误率；要么涂改干净再写，保持书面整洁。

儿子很不服气地说老师允许这样做。先生执意要儿子按照自己的意见做，儿子坚决不执行，二人吵得不可开交。最后先生发怒了，警告儿子不照他的话做的话，明天不许交作业。儿子也火了，大叫着“不交就不交！”父子俩的争执让我很头痛，我知道“同性相斥”，也听说过“无仇不成父子”，但直接责怪父亲不讲方法欺负孩子，或者批评儿子不懂礼貌似乎都不妥。

烦恼之际，我想起了男孩和女孩不同的一个特点，就是一个不听话的男孩子在家里会有和父亲平分秋色的“男性尊重”的潜意识，父亲的指责会让他在人前，哪怕是自己的亲人面前很没面子。我将盛怒的先生叫到卧室，交流了这个观点后，先生接受了我的意见，主动和儿子和好了，当然，儿子第二天交上的作业书面也是很整洁的。

所以父子之间出现争论争吵的时候，母亲不要当面做裁判员，要背后给建议，这样的“婉转”既可以保全两个男人的面子，也能维护好父子关系。要想让父亲们更好地担起自己的责任，更好地参与男孩的成长，妈妈们最好退居二线，不要夹在父子之间，对爸爸的行为指手画脚。

要让父亲正常地参与到孩子的成长中，妈妈们还要做到的就是不要把孩子作为夫妻关系的砝码，无论夫妻关系如何，在父子关系的建立中，妈妈不可太随性，切不可因为夫妻双方的矛盾而在孩子面前说爸爸的坏话，要让孩子爱自己的爸爸，要在孩子面前维护爸爸的形象。尤其是对一位为了工作和家庭忙碌的爸爸，妈妈更是不应该在孩子们面前出言不逊，而是应该抱有理解与尊重的心态，并把这种感觉传递给孩子。即使在教育孩子时，夫妻双方出现意见分歧、争吵或者产生了各种各样的矛盾时，作为妈妈也有必要帮助爸爸和儿子建立温馨和睦的关系。因为父亲就是男孩子的第一个榜样，从某种程度上可以说，男孩对男性的认识，是从父亲开始的，是父亲塑造了一个男子汉的形象。如果母亲一直错误地给儿子传递信息，那么不仅会误导儿子对父亲的认知，而且父母之间的关系也会直接影响到孩子与他人之间的关系建立。

爸爸参与男孩的成长更多的是发挥正面的能量，比如增强男孩的安全感和价值感，但也有可能会以爱的名义伤害了孩子，比如有的时候处理问题过于简单粗暴，让男孩自尊心受损。在面对爸爸们强势的教育方式时候，妈妈们既不要反应过于激烈，一味指责父亲，或者直接剥夺父亲教育儿子的权利；也不要尽管心疼儿子却默认父亲的做法，助长父亲错误的气焰。而应该尽量抚慰儿子受到创伤后的心灵，给予父亲合理的建议，做好父子之间关系的修复剂。

培养男孩，成功爸爸的背后一定离不开一位智慧的妈妈。妈妈在爸爸参与孩子成长的过程中所扮演的角色，对孩子是否接纳爸爸的教育，爸爸的参与对孩子的教育是否能够发挥真正的作用，都有着非常直接的关系。

04 给孩子自己做主的机会

小学阶段是男孩们心智成长的重要时期，他们从儿童走向少年，不仅要学习如何汲取文化知识，还要学习如何做人、如何生活……为未来做准备，在这一过程中，他们有了越来越强的独立自主的意识，变得非常在意“自己的事情自己做主”这一权益。

儿子不到两岁的时候，被查出眼睛弱视。通过各种方法积极治疗后，视力提高了不少，可是眼睛仍有些斜视。小学四年级的时候，我们决定给他做一次眼部矫正手术。医院的眼科专家在看过儿子的检查结果后认为：儿子年纪还小，眼睛尚在发育，再加上手术本身也并不能保证百分之百的成功，很可能现在做了，过几年还要再做一次，建议我们延后手术。我和先生经过考虑，就采纳了专家的建议，但是儿子知道后坚决不同意。因为看检查结果那天他在上学，我们就没有带他去医院，所以儿子提出要亲自去医院问问医生。那一阵，为了矫正斜视，儿子需要经常带眼罩，顽皮的同学都叫他“独眼龙”。我知道他很苦恼，虽然我和先生主意已定，但是我还是决定给儿子一个当面了解的知情权，于是带着他又去了一趟医院。

儿子非常认真地听专家讲解了手术过程及给出的相关建议，又提了几个问题，然后坚持现在手术。他对专家说：“您的意思是几年后我再做矫正手术，也不可能保证百分之百成功，只不过是失败的可能性小点，那我宁愿现在做，哪怕失败了，因为我眼睛还在发育，未来还有再次矫正的机会。等我长大了，矫正不是更困难吗?”看着儿子像个小大人似的，一本正经地和专家沟通，我既吃惊，又有些感动，深刻地意识到孩子长大了，有自己独立思考的能力了。

回到家中，我把儿子的想法告诉了先生，先生批评我说孩子眼睛的手术是一件很严肃的事情，绝对不能由着孩子胡闹。我告诉他，儿子的想法实际上正是他这个时期思维能力提高的表现，他现在已经具备分析具体问题的能力，有了条理性，这正是他独立认识问题的过程，我们应该尊重他的意见。尽管可能会有幼稚的地方，但我们的支持会帮助他建立自信。那天从医院回来后，我特意去图书馆查了一些资料，发现儿子坚持手术的想法也有道理。再者说，儿子这么坚决，可见同学们天天叫他“独眼龙”，让他备感压力，长此以往对儿子的心理健康也极为有害。最后先生接受了我的建议，我们两个人背着儿子又去了趟医院，在征询了专家手术的危险概率后，我和先生决定尊重儿子的选择。

结果，手术很成功。后来回医院复查的时候，专家也禁不住表扬儿子有主见，了不起。儿子听后小脸红扑扑的，十分自豪。

小学是家长逐步放手让孩子做主的好时机，因为小学阶段是男孩们心智成长的重要时期，他们从儿童走向少年，不仅要学习如何汲取文化知识，还要学习如何做人、如何生活……为未来做准备，在这一过程中，他们逐渐有了越来越强的独立自主的意识，变得非常在意自己的事情自己做主这一权益。我印象深刻的一件事是儿子上小学后的第一个周末，我们几位家长组织孩子们出去玩，当我们习惯性地要给孩子们安排游戏内容时，遭到了他们的强烈反对，一致要求由他们自己来决定，因为上了小学，他们就是大人了。所以说只要是无危险、无危害，孩子能够自己做主的事情，家长尽可能不要管。

我们很多父母总想着再过几年，等孩子长大了再放手让孩子独立解决问题，可是，一旦让孩子对父母产生了严重的依赖感，就容易变得遇事退缩，不敢自立，如果到时再培养孩子独立解决问题的能力，难度就很大了，因为孩子的内心根本没有逐渐积蓄自信的力量。

但是，对家长来说，放手让孩子自己做主，与其说是锻炼孩子，不如说是在考验自己。因为我们对孩子强烈的爱意，发自内心地希望自己对孩子呵护备至，为他遮风挡雨，帮助他选择一条人生坦途。可是成长是每个人都无法回避的旅程，美国著名心理学家沙哈尔在《幸福的方法》中曾经说过：“幸福之路并无捷径。”同样，孩子的成长之路也没有捷径。我们可以时刻陪伴孩子，避免他犯错误或受到伤害，但是我们无法陪伴和推动孩子的一生。我们必须帮助他们找到属于自己的人生答案。请记住，我们能够给他提供的教育不是让他更加依赖家长，而是让他有朝一日可以独立过好自己的生活。

在这方面，有个男孩晓风的命运让我备感心疼。儿子上高中时，我加入了新浪博客北京高考家长朋友圈，在陪伴孩子高考的路上，博客圈里来自各行各业的家长们互相鼓励，互相为孩子们的成长出谋划策，很多家长之间都结下了友谊。在这里我认识了晓风的妈妈，晓风妈妈对儿子非常用心，不仅包办了儿子从小到大的一切事情，还为儿子规划了详细的人生发展道路。晓风学业非常优秀，但是有些不自信，被同学们戏称为“问我妈”。晓风高中毕业后，本想报考清华大学电机系的他，在妈妈的坚持下不得不就读北京大学经济管理学院。本科毕业参加工作后，却因换了几家公司都觉得不可心，最后干脆窝在家里，坚决不上班了。而此时，同龄的那批孩子们都开始了丰富多彩的成人生活。

晓风的妈妈非常苦恼，说起儿子就忍不住掉眼泪。我在晓风妈妈的要求下和晓风谈了几次，发现晓风不上班的原因是他根本适应不了工作环境，胆小怕事，事事请示，不敢承担责任，这是领导和同事对他的评价。以讲究效率和工作能力著称的外资公司自然不能接受这样的员工，自尊心极强的晓风为此备受打击。我问他今后的打算，这位当年意气风发的好学生垂头丧气地低着头想了一会说：不知道。我将晓风遇到的困境告诉了晓风的妈妈，晓风妈妈听后对儿子在单位的表现简直难以置信，恨铁不成钢地批评孩子太窝囊。

我对晓风的妈妈说："作为家长，你太能干了，现在或许是个契机，让晓风可以独立地安排一下自己的人生。"没想到，她竟然被我的建议吓了一跳，她坚持晓风之前之所以那么优秀，完全都是自己做主为孩子选择的结果，是为晓风的人生加分，按照她的安排，晓风工作5年后理应要申请哈佛商学院，现在是儿子变了，太不争气了。

我无可奈何，由于强势的妈妈剥夺了儿子做主的权利，所以软弱的晓风在成年后选择了用消极的方式来抗议母亲对他的教育方式。遗憾的是孩子抗争得太晚了，而母亲至今还没有察觉到自己在儿子的成长过程中所犯的错误。

中国的家长为儿女们代劳得太多太多，无形中剥夺了孩子自己做主的快乐，使他们难以在成长道路上体验愉悦、自由和满足感。所以作为家长，我们一定不要以过来人的身份左右孩子的成长，急于把自己的经验、思想和价值观强加给孩子。对孩子的成长来说，这似乎是条捷径，其实是剥夺了孩子通过试错去学习的机会。经验，无法被结论代替。况且作为家长，很多我们的“结论”未必是全对的。我们必须抑制自己凡事都要替孩子做主的想法，少给孩子“更好”的建议，让孩子拥有面对困难、解决困难的权利，在不断试错的过程中，领悟到生活的常识并建立对这个世界的判断力。

俗话说得好：“授之以鱼，不如授之以渔。”家长帮孩子解决再多的问题，那也只是给了孩子“鱼”，而没有教会他“捕鱼”的方法。我们不如放手鼓励孩子去做尝试，为他鼓掌。让孩子直面自己选择的路。就算选错了、走错了，也会收获宝贵的经验和教训。孩子自己走出来的路，一定比家长铺好的路重要得多，必定给予他更强大的抗挫折能力、适应能力和无所畏惧的自信心。而这些特质，正是那些被父母们以“为了你好”为由呵护、设定和催生成长出来的年轻人所欠缺的。

我特别喜欢著名诗人纪伯伦写的那首诗：“你的儿女，其实不是你的儿女，他们是生命对自身渴望而诞生的孩子。”“你可以给予他们的是你的爱，却不是你的想法。”“你是弓，儿女是从你那里射出的剑”。现在社会上有一种“啃老”的现象，批评者的矛头总是指向年轻人，甚至有人提议要通过立法来禁止“啃老”。孤立地对年轻人进行道德否定，使人们无法看清问题的真正根源。其实，这些被“啃”的老人们在孩子成长教育中犯过巨大的错误：自己会走的路，谁愿意被人天天搀扶着走呢？有句话让我记忆深刻："世间所有的爱都是为了相聚，唯有父母与子女的爱，是为了别离。"

因为爱，就让我们给孩子们适当的自主权吧，就让我们当孩子跌倒的时候用爱去抚慰他们，给他继续前行的鼓励和信心，这样成长起来的孩子会更容易面对今后的人生。如果我们剥夺了孩子独立自主成长的空间，那么我们是在控制孩子的成长，而不是陪伴孩子的成长。所以我们不妨只给孩子必要的指导，让他们顺利地踏上独立之路，这才是家长应该且需要做的事情。

05 和老师沟通要有技巧

作为小学生家长，与老师沟通要有方法技巧。首先，因为不同年级的老师对孩子的关注点截然不同，所以老师们也希望家长们的沟通内容要符合各个年龄段孩子的特点。如果孩子已经三年级了，你还在跟老师讲孩子一年级就应该养成的学习习惯问题，自然就无法得到老师的用心回应。其次，越是高年级的老师越反感家长漫无目的、聊天式的沟通，也反感在家长说孩子的情况时，带着先入为主的主观印象，上来就是“我家孩子很优秀”等，而应该针对孩子不同时期急需解决的问题，就事论事。

很多家长都有这样的感受：孩子上小学后，与老师们的沟通不像幼儿园时那么顺畅了。孩子上幼儿园的时候，家长每天都可以利用接送孩子的时间和老师聊一聊，增进了解。但孩子进入小学阶段后，家长几乎没有多少机会和孩子的老师面对面地沟通。还有的家长表示即使对老师的某些行为有看法，也不敢和老师过多沟通，担心一不小心和老师的关系搞僵了，会对孩子不利，真是左右为难。

确实，和孩子的老师沟通真是一门学问。儿子上小学的时候，我自己就曾经在这上面犯过错误，现在想起来都很后悔。儿子上的是寄宿学校，一年级的时候，因为既担心儿子适应不了新生活，也希望能够让老师很快地熟悉儿子并关注他，所以我基本每半个月或者去学校或者打电话向班主任李老师了解一下儿子的情况。李老师是刚毕业的大学生，对教育事业充满热情和抱负，再加上一年级的老师，除了教学任务，还需要投入大量的精力帮助孩子们从心理和行为习惯上更好地完成从幼儿园小朋友到小学生的转化，所以她更加关注孩子们的成长情况，也喜欢和家长交流互动。每次我问起儿子，她都非常认真地和我聊上好一会儿，从儿子的学习情况到行为习惯，对我的所有问题都详尽告之。儿子非常喜欢李老师。由于上学前我们没有对儿子进行过学前教育，没有进行刻意的智力开发和知识学习，所以儿子上学后在语文学习上不是那么得心应手，每当这个时候，李老师就抚摸着他的头鼓励他。我也很喜欢李老师，对她非常信任。所以当二年级我打算让儿子跳级时，还特意征求了李老师的意见。李老师很支持，她认为以儿子的学习能力完全可以胜任三年级的学习内容。儿子在学校准备跳级考试的过程中，李老师对他也倍加关心和鼓励。

由于和李老师有着这样良好的沟通，所以儿子跳级到三年级后，我理所当然地把和他的相处形式应用到与新班主任赵老师的沟通中，但是情况绝对不是我想象的样子。赵老师是和一位退休返聘的老教师，她已经形成了自己的一套对学生的评价系统。我第一次去学校拜访赵老师，她一脸冷漠。为了让老师了解儿子，我讲了一下儿子在家的情况，但是很快就被她打断了，她略有些不耐烦地说她非常反对孩子跳级，认为这是家长爱慕虚荣的表现。然后又接着说："你儿子在学校问题挺多的，不爱说话，也没见他笑过，上课也经常不注意听讲，与其他同学相处得也不太好。你要多管管他。"我当时就怔住了，心想从幼儿园开始，老师对儿子的评价基本都是积极正面的，怎么到了赵老师的口中就仿佛变了另外一个人。于是那个周末儿子回家的时候，我就特别注意观察儿子，发现儿子与之前相比并没有什么改变，再问问他学校里的情况，儿子告诉我挺好的。虽然这样，我还是放心不下，又前往学校见了儿子的副班主任，副班主任告诉我并没有发现儿子有什么异常，他和同学们的关系也很好，放学后作业完成的情况也不错。这样我才放下心来。但是为什么班主任赵老师对儿子是这样的评价呢？我百思不得其解。

随后又找了个时间去学校拜访赵老师，刚试探性地和她提了一下上次的谈话内容，赵老师马上情绪非常对立地说："做老师的难道会撒谎吗？你来得正好，你儿子还特别没有组织纪律性，上课的时候仗着自己有点小聪明，就对老师指手画脚，影响正常的课堂秩序，这点你必须好好管管，这也太没有家教了。”说完赵老师走了，留下我一个人站在办公室的中央，周围的老师都对我侧目而视。

是呀，这样的孩子真是挺讨厌的。那一周，好不容易挨到儿子回家了，我迫不及待地问儿子到底发生了什么事。儿子想了半天才想起来赵老师上语文课的时候念错了一个音，正好儿子那一阵热衷查字典，于是就站起来纠正了老师。原来是这么回事啊！听儿子讲完，尽管当着儿子什么都没有说，但是我内心是非常生气的，心想这个老师也太小心眼了，就为了这么点事，就给孩子扣大帽子，再想想她的态度，就更气不打一处来。

从那以后，每次要了解儿子的情况，我就直接找副班主任或是各位任课老师，干脆不和赵老师联系了。那一段，儿子经常说有同学欺负他，我就让他直接找老师解决，可是拖了好久也没有解决。这事让儿子烦恼了好长时间，跟我哭了几次，当然最后还是自己解决了。为这件事，我还特意表扬了儿子，说："你看没有妈妈帮忙向老师反映，你还不是自己解决了！"儿子四年级的时候，学校不再返聘赵老师了。有一次我和儿子出门办事，儿子告诉我，当时那些同学欺负他，是因为赵老师在上课的时候叫他"独眼龙"，结果后来同学们都跟着这么叫他，他生气了才和同学闹矛盾，找老师评理，老师也不管，那一阵过得可难受了。

我当时一听，眼泪就差点下来了。儿子为了治疗弱视，平时在学校里都要带矫正眼镜，眼镜的一只镜片必须遮起来。没想到，作为老师竟然用这种侮辱性的语言来说学生。我觉得特别对不起儿子，因为自己的疏忽，竟然让孩子受到了这样的伤害。尽管至今我都认为作为老师，赵老师取笑学生弱点这件事有失师德，但是我也意识到如果当初我没有任性地放弃和老师的沟通，那么就有可能不会出现这样的情况。

我认真反思了自己与赵老师的两次沟通。抛开她的为人不说，我认为沟通失败的很大原因要归结于自己没有换位思考，比如第一次我为了引起赵老师对儿子足够的关注，还是像一年级时过多地泛泛讲了儿子的优点，而完全没有意识到作为一名跳级生，儿子必定在很多方面和班里其他的孩子有差距，会给老师的工作增添额外的负担，应该向老师请教有哪些方面是需要我们家长注意并帮助孩子调整的。

为此，我还特意请教了一位教师朋友，她告诉我作为小学生家长，与老师沟通也有方法技巧。首先，由于不同年级的老师对孩子的关注点截然不同，所以老师们也希望家长们的沟通内容要符合各个年龄段孩子的特点。比如三年级的孩子了，你还在跟老师讲孩子一年级就应该养成的学习习惯问题，自然就无法得到老师的用心回应；其次，越是高年级的老师越反感家长漫无目的聊天式的沟通，也反感在向老师说孩子的情况时，带着先入为主的印象，上来就是“我家孩子很优秀”等，而应该针对孩子不同时期急需解决的问题，就事论事。

在她看来，赵老师作为已经退休的老教师，更在意的是通过家长的协助更好地督促孩子完成校内各项规定，所以这个时候我如果从配合老师工作的角度切入，然后再谈及儿子的个性发展，可能更利于良性的沟通。最后，她还特意提醒我，千万不要在孩子面前说老师的坏话，因为若是孩子看到你不尊敬老师，就会理所当然认为自己也在学校可以不尊敬老师，那样会造成更糟糕的后果。

有了这样的教训和反思，后来我在和儿子老师的沟通中逐渐变得耐心起来，并努力做到凡事都要两方面看待，既要考虑老师的意见，也要考虑孩子的感受。儿子高中考上人大附中后的第一次家长会，班主任陈老师告诉我：“我发现你儿子没有上进心，他好像什么样都无所谓，特别散漫……”当听到老师说儿子没有上进心的时候，我心里特别不是滋味，但是这次我没有辩驳，只是觉得老师现在还不了解孩子，今后一定要找个合适的机会与老师沟通一下，改变老师对儿子的印象。高中老师都很忙，即使是和他们打电话交流也要找机会，我只能一边耐心等待一边寻找机会和陈老师接触。

大约过了两个多月，有一天儿子放学回家时告诉我：“妈妈，今天陈老师表扬我了……”看到儿子快乐的笑容，我意识到无论孩子年纪多大，对他们来说，老师的肯定都是非常重要的。于是我马上给陈老师打了电话，在电话里我真诚地对陈老师表示了感谢："谢谢您，儿子今天回来特别高兴，他说您表扬他了……"这次的交流特别愉快。后来通过与儿子和陈老师沟通，我终于了解了陈老师为何认为儿子没有上进心，因为儿子年龄偏小，纪律性不是很强，所以有时候上课会说话，甚至还睡着过，并且他也不是很爱表现自己，所以老师就误认为他没有上进心。

我抓住每一次和陈老师交流的机会，告诉她儿子做过的非常努力的事情，比如初三的时候，为了体育1000米达标，竟然主动在脚踝上绑着2公斤的沙袋上学，坚持了一个多月，最终体测取得了优秀的成绩……我请陈老师给儿子多点时间，尽管儿子现在还比较贪玩，学习不够刻苦，但是他自己非常渴望有一天成为一名优秀的学生，希望老师多给一些鼓励和帮助。就这样，陈老师开始关注儿子，慢慢改变对他的一些看法，开始看到他好的一面，并逐渐看到了儿子的潜力，对他的肯定和表扬也慢慢多了起来。

儿子终于在这样一个优秀的群体当中，找到了自己的价值，自信心也不断增强。他开始关心班集体，热心参与班级事务，为同学服务；也积极参加各种课外兴趣班，并代表学校的桥牌队参加比赛，取得了不错的成绩；学习上也有了显著进步。儿子从一个成绩一般的小孩，变得越来越喜欢学习，最终能够考上北京大学，这个过程中，陈老师对他的鼓励和引导起到了关键的作用。

06 有效的沟通才能帮助孩子进步

和小学男孩沟通要有谋略，有计划，有步骤，不能太过随意，也不要操之过急，要遵循男孩的成长特点，还要讲究一定的方式方法来进行，否则难免适得其反。

有一次我在一家快餐店等朋友，快餐店附近有家著名的补习学校，所以店里有很多家长带着孩子吃饭。坐在我身边的是一对母子，男孩看起来四五年级的模样。妈妈正循循善诱地对儿子讲如何提高数学成绩。快餐店里有点吵，这位妈妈时不时就要探身向前凑近儿子，大声地说上几句。儿子一边吃着饭，一边哼哈着答应，偶尔也回答几句，明显有点心不在焉。看到儿子不用心听自己说话，妈妈突然有点急了，一把推开儿子面前的牛肉饭，生气地指着儿子提高嗓门问道：“就知道吃，你到底有没有听到我讲话？”妈妈的喊声招来了店里其他客人的侧目，儿子见此情景，有些恼羞成怒，干脆把筷子一放，拿起椅子上的书包说道：“我上课去了。”说完就推门走了出去。妈妈一见儿子饭还没有吃几口，虽然很生气，但又心疼孩子，赶紧招呼店员打包，然后追了出去。

望着这位妈妈的背影，我不禁感叹：可怜天下父母心，这位妈妈显然是有备而来，本来想好好地跟儿子沟通，结果适得其反，不仅没有达到教育的目的，还引起了儿子强烈的不满，估计下次沟通会更困难。这一幕也被刚进门的朋友看到了，她恨恨地说："现在的孩子真是不好管，一个个好像提前进入青春期，家长啥也没说呢，他们就不高兴了，还给我们脸色看，现在的父母真是难做。"她也有个儿子，最近迷上了玩游戏，朋友屡劝不止，干脆把儿子的手机没收了，没想到，儿子却背着家长用压岁钱又买了一部。

她伤心、苦恼得要命，这次就是想和我商量怎么办。朋友告诉我，自从儿子上小学后，那个和家长亲密无间、无话不说的乖小孩就不见了，变得不听话，真是令她绝望。

我告诉她：当孩子们上了小学，独立意识逐渐形成的时候，就是家长和孩子沟通最容易出现碰撞的阶段。这是由他们个性发展的特点所决定的，虽然小学阶段他们的年龄还小，对家长还有很大的依赖，但他们的独立意识已经开始发展，越来越多地显示出自己的主观能动性。尤其是现在的孩子，家长们大都崇尚民主、尊重孩子的意见，在这样环境下成长的孩子自然而然独立意识也非常强。有教育专家甚至将6~16岁的这批孩子称为“不服从世代”。朋友叹了口气说：“早知如此，何必当初，这不是家长们自作自受嘛！”我理解朋友的心情，虽然说孩子们具有较强的独立性是家长期待的事情，但是沟通不畅也常常会令我们不知所措。

“其实跟男孩沟通也没那么难。”我安慰朋友：“但前提是要先了解男孩自身的一些特点。”从生物学的角度来说：男孩子的大脑与女孩子大脑相比，更多地依赖空间机械刺激，因而天生更易接受图表、图像和运动物体的刺激，而不易接受单调的语言刺激。如果家长说得太多，环境杂乱，那么男孩子就更有可能感到厌烦、分心，或者坐立不安，或者采用激烈的行为来保护自己，就像前文那个儿子一样。如果我们能够理解孩子“不正当”的行为背后的心理动机，不仅能减少对孩子的伤害，也能减少父母对自己“教子无方”的自责和挫折感。

我问朋友她在跟儿子说游戏问题时，是不是先跟他讲玩游戏的危害，会影响学习，然后让儿子保证减少玩游戏的时间等等，朋友惊讶地说：“你怎么知道的呀，不过这些都是实际情况，我不这样说那我要怎么说呢？”

可这样说是没法正常沟通的，我也这样对待过儿子。小学有一个阶段儿子玩游戏有点多，经常忘了写作业，学习成绩也下降了。游戏一度成为横亘在我们和儿子之前一堵看不见的“墙”。

刚开始的时候我曾苦口婆心地给他讲道理，但对儿子好像没什么触动。有一次无意中看儿子玩游戏那种全神贯注的样子，让我想起他自学电脑知识的情景，专注的表情一模一样。吃饭的时候我就问他：你为什么这么爱玩游戏，那里面有啥让你这么着迷？儿子一脸兴奋地告诉我："妈妈，游戏好玩呀，我会遇到很多障碍，但最后解决了这些问题，通关了，我会觉得特别有成就感呀"。

这些话当时给了我很大的震动，原来儿子是为了成就感玩游戏，怪不得他会玩得那么投入。于是我继续问儿子："你说刚才玩游戏解决了什么难题？"儿子非常兴奋地跟我描述游戏过程，还有不少专业术语，我其实也没太懂，于是我很认真地跟儿子请教：怎么才能快速通关？儿子告诉我：要想玩得好，还要买很多装备，点卡等等，要花钱。我说：啊，这么多花样呀，那不是看谁的能力强，这是比着看谁花钱多呢！儿子笑了：妈妈，我基本不怎么花钱，我只是上次买了一张10块钱的，我们同学有的花很多钱买点卡，我觉得那样不好。我赶紧夸了儿子：那你很自信呀，花最少的钱去做到最好对吧？儿子开心地笑了，并且说：也不是的，其实都是玩，如果只是为了早点通关多买点卡，我反而觉得没意思呢！

那次聊天中儿子非常高兴，第一次针对游戏的事情跟我说了那么多的话。我也很高兴，因为儿子告诉了我很多以前根本不知道的事情，我对儿子玩游戏有了更多的了解，离他的心又近了一步。

从那以后，我就不把儿子玩游戏当作眼中钉，我会主动让他分享玩游戏的心得，让他给我讲通关的过程，他讲得兴致勃勃，我听得津津有味，我也会直接跟儿子说："游戏确实挺好玩的哈，但是玩时间长了，对眼睛不好，有的时候还会忘了写作业，你自己要多注意，生活中让你有成就感的事情很多，我们也都去尝试尝试"。儿子很高兴地答应了。后来儿子还是继续玩手机，但是他一般情况下是写完作业再玩游戏。我和先生也更多地带儿子去参加一些更有挑战性的户外活动，像登山、攀岩什么的，充实儿子的业余生活。我们还带儿子参观了一家游戏公司，让他看到最美的虚拟世界其实也是人创造出来的。儿子初中、高中一直玩游戏，但是他一直不会特别沉迷，我也从来不会武断地认为玩游戏一定会影响学习，没有了这样的教育的执念，玩游戏没有成为我和儿子沟通交流的魔障。

其实，就像这位朋友和儿子之间一样，很多的无效沟通都是因为在初期的时候我们没有跟孩子在情感上达成一致，在没有产生共情的基础上进行说教，一上来就讲大道理，那样孩子就会排斥，就不会轻易地向我们敞开心扉，我们也就无法听到孩子的心里话。而且更糟的是，几次教育无果以后，很多父母会恼羞成怒，开始对孩子采取各种强制的手段：没收手机、断网、拆电脑等等，这样会使得本来只是正常的喜欢玩游戏的孩子，最终因为逆反玩得更凶，生生地被父母逼出了网瘾。

听到这儿，朋友有点儿羞愧，不断地点头。我告诉朋友，和小学男孩沟通要讲孩子能听懂的话，同时还要听懂孩子的话。小学阶段的男孩子语言能力发展还不够成熟，跟女孩比，他们既不善于表达，也无法领会家长话语中的深刻内涵，所以家长说话最好简单直接，就事论事，不要绕弯子。尤其是当家长们从孩子的一个问题联系到孩子其他的问题时，只能令孩子更糊涂，继而反感，所以和男孩交流时，一次只说一个问题，不要漫无边际。

有一次儿子数学没考好，他把试卷给我看的时候，我观察到儿子也有点郁闷的样子，于是我就对他说："这次数学没考好，你自己挺难受的吧？"儿子赶紧说："是的，我其实只有10分的题不会做，也不知那些分是怎么丢的！"我说："那你找到原因了吗？"儿子想了想，告诉我："我之前的数学作业，简单的题直接就不做了。"我说："看来还是不能省事了，那以后就不要省略了呗。"儿子说："好吧。"从那以后，儿子的数学作业再也没有让我操心过，数学成绩也稳居榜首。

其实跟男孩沟通看似简单，却也要有谋略、有计划、有步骤，不能太过随意，也不要操之过急，要遵循男孩的成长特点来进行，否则必定适得其反。因为，良好的沟通来源于日积月累，沟通全在细节之中，失之毫厘，谬以千里。所以，要想了解男孩子的世界和他们的想法，家长就要尊重孩子，不可高高在上，也不要咄咄逼人，更忌讳唠唠叨叨，要在一个相对安静的环境，并且大家都心平气和的时候，再开始交流。不要觉得麻烦，好的沟通，一次就有效，而且一次触动心灵的有效沟通，有的时候反而能让男孩子记住一辈子。

在与孩子沟通的过程中，我告诉朋友，家长必须要明白一个道理，那就是不要苛求孩子的改变一步到位，而是要有耐心和坚持不懈。如果你期望改变孩子的行为方式或习惯，那么就要明白：以前的习惯形成是经历了时间的，所以改变它们也同样需要时间和过程。

不管是玩游戏这个事情还是其他帮助儿子调整行为习惯的过程，我们对儿子一点点的转变，都要给予鼓励和肯定。哪怕又出现反复或者生出其他一些新问题、新毛病，我们还是要学会心平气和，根据情况调整或者降低要求，这样循序渐进，孩子才乐意一直与我们保持良好的沟通。

孩子的成长是一个漫长的过程，对家长的耐心和毅力都是极大的考验，需要付出极大的努力和智慧才能做好这件事。

07 给孩子定规矩，家长要先做到

家庭是孩子成长最重要的环境，如果作为家长不严格遵守规则，那么很难帮助孩子建立规则意识，也很难让孩子真正遵守规则。

儿子小学三年级的时候，有一次周末回家突然跟我们说要买一双非常贵的名牌球鞋。我问儿子：你知道这双鞋多少钱吗？儿子说了一个数字，然后强调必须要买。这是儿子第一次提出这样要求，此前都是我买什么他穿什么，从来没有关心过穿着打扮上的事。我觉得这次一定是事出有因，于是我耐下心来问他："为什么必须买呢？"儿子回答："因为班里有很多同学都有这个牌子的球鞋。"我一听，这不是攀比吗？这种风气不可助长。于是我坚决地告诉儿子："你还记得我们的家规中有一条，就是不能和他人攀比吗？别的同学有那是他们的事，妈妈不同意给你买。"儿子瞪着大眼睛看着我："我不管，我就是要买，你们还经常说话不算数呢！""我们家还规定晚上11点之前睡觉呢，可是你们总是超过12点才睡，你们以为我不知道，其实我早知道你们在自己房间里看电视”……儿子的话把我驳得哑口无言，我和老公面面相觑，竟不知该如何回答儿子。

吃过晚饭之后，我特地跟儿子道歉：爸爸妈妈制定的规则我们自己没有好好遵守，只是一味地要求你是不对的。然后我又耐心地说明了攀比的危害性，儿子最后还是打消了买名牌球鞋的念头。虽然这件事圆满解决了，却让我意识到言传身教的重要性。

家庭是孩子成长最重要的环境，如果作为家长不严格遵守规则，那么很难帮助孩子建立规则意识，也很难让他们真正遵守规则。建立规则意识对于小学男孩来说尤为重要，如果此时他们的规则意识还不明确，就不可能养成良好的学习与生活习惯，将来踏入社会也会漠视规则。所以做家长的在这个时期应在尊重孩子个性发展的基础上，给予他们必要的引导和教育，提高他们的规则意识。

我把儿子刚上小学时制定的家规重新看了一遍，边看边扪心自问：每一条规则我和先生是否都认真遵守了呢？这样的反思非常有帮助。记得当时我们家规一共制定了十条，我发现其中有一半的规则，我和先生都遵守得不够严格。比如，我和先生都认为信守诺言对男孩子来说是非常重要的人生准则，在这点上对儿子的要求很高。但是，在生活中，我们经常很随机地对孩子许下一个又一个不那么正式的小小诺言，然后以大人世界所谓的重要事情为由，将其轻描淡写地一笔带过，没有兑现。

记得有好几次，先生答应周末带儿子去游泳，结果临时有事都没有去成。儿子非常生气，我们却觉得儿子不能体谅爸爸工作辛苦。再比如，当时制定家规的时候，先生坚持要加上一条“自己能做的事情，绝对不麻烦别人。”他的想法是希望儿子能够养成独立的习惯，可是每次他批评完儿子，儿子都私下里不满地对我说：爸爸还不是脱下来的衣服随便丢，需要妈妈帮他整理吗？爸爸还不是饭后也不洗自己的碗吗……仔细想想，儿子的不满是有道理的，本是全家人都要遵守的规则，我们作为家长却常常犯规。很多时候，作为家长的我们都不自觉地把自己当成了孩子的“法官”，变成了高高在上的规则制定者，而不是平等的共同遵守者。

经过考虑，我和先生商量，重新制定一份相对严谨，我和先生也可以严格遵守的家庭规则，先生表示赞同。等儿子周末回来，我们三个人非常认真地讨论了这件事。曾经看到过一篇报道，里面有位心理学家说：“虽然每个男孩都渴望成为“规则”的制定者，但在他们小时候，由于能力有限，他们都会服从家人制定的“规则”或是约定俗成的纪律。”可是我认为即使孩子年龄小，也不能剥夺他做决定的机会，尤其是需要他参与和遵守的事情，我们更应该尊重他的感受。更何况，由孩子和家长一起讨论、制定出来的家规，会让孩子从心理上更愿意接受和遵守，这是人的天性决定的，因为人们更愿意遵从自己的想法，排斥他人的命令。

经过讨论，我们新制定的规则分为两个部分。一份是专门给儿子的，一份是需要我们三个人共同遵守的。每份规则都言简意赅，不超过五条。因为我觉得儿子还是名小学生，过于复杂或者规则条数过多，反而容易给孩子造成混乱，不如根据男孩的年龄和发展特点，在男孩能够接受的范围内，一个时期以两三个规则为主，然后随着理解能力及自控能力的增长再做增补。我经常看到有家长在制定家庭规则的时候，洋洋洒洒十几条，甚至二十几条，坦率说，这些家规即使是成年人都很难记住并遵守，更何况是心智还在成长过程中的孩子呢。

我建议给小学男孩子制定规则时，只要把握大的原则就好，要让男孩们看到之后就明白该怎么做。比如我们非常看重儿子未来成长为一名真正的男子汉，那么我们就把拥有感恩之心、信守承诺、不攀比、谦虚列为首要遵守的规则，而这些也是我和先生平时完全可以做到的。为什么家庭规则分为两份呢？是因为我们认为儿子还小，还需要遵守一些专门为他制定的细化规则，男孩在12岁之前，自控能力比较差，规矩必须明确才能让他记忆深刻。比如：上学期间玩电脑、看电视时间每次不超过一个小时；决定要做的事就不能半途而废等。

很多家庭会把看电视这件事列为家庭规则，要求全家人遵守，但是我觉得，没必要为了不影响孩子的学习，家长就放弃看电视。儿子上学的第一天，我就告诉他，学习是他自己的事情，父母只会帮助他完成这个过程，而不会因此牺牲个人的生活。虽然这句话他一时不能完全理解，但是我相信天长日久，潜移默化，他总有一天会自觉地做到。

规则制定好了，但是严格遵守并不是一件容易的事，尤其是小男孩，有时候就像脱缰的小野马，每逢这个时候，我都告诫自己要耐心。孩子对规则的遵守是有个过程的，他们需要反复练习，最终才能形成规则意识，这些规则中所要求的内容才能成为孩子血液中的一部分。但是儿子四年级时发生的一件事让我意识到，在孩子规则意识逐渐形成，规则行为习惯化的过程中，作为家长仅有耐心还不够，还必须掌握对的方法，而且最为重要的还是那一原则：给孩子定规矩，家长一定要先做到。

那一次是新年前的一个周末，儿子本来主动要求帮助老师布置教室，准备下周一的时候开新年联欢会，但是恰好那天我打算带他去看电影，那部片子是儿子一直想看的，于是他也没有向老师请假就跟着我去看电影了。看完电影后，他才把这一切告诉了我。我听后非常生气，先是让他马上打电话向老师道歉，然后回到家后就批评他。儿子开始的时候还虚心承认错误，但是越听越不服气，不时争辩几句："我什么时候不谦虚了？""我才没有对奶奶没有礼貌呢！""这都是几百年前的事情了！"最后干脆一扭身跑进自己的房间里，将门"砰"的一声关上了，我一看更生气了。这个时候先生正巧回来，他听了我把前因后果讲了一遍后，对我说："孩子的错我们先放在后面，先说说你的问题。你也是做过管理的人，你想想，如果公司里的员工犯了错误，你会这样批评教育他吗？你要求他不犯错，你自己呢？"先生的话让我醍醐灌顶。

确实，在公司时，我一直强调批评要对事不对人，可是我刚才批评儿子，几乎把能想起的他犯过的错误都罗列了一遍，根本忘记了批评的目的是希望儿子能够改正今天犯的错误。这样的批评方法很容易让孩子将重点放在了"妈妈记着我犯过的全部错误"，开始对抗家长的批评，而忘记了自责和改过。这件事之后，每次儿子犯了错误，我都提醒自己一定要对事不对人，只是不断地提醒孩子"规则是什么，他该如何做"。这样一来，儿子对规则的认识越来越清晰，遵守起来也越来越自觉。

优异的成绩和持续进步的能量相比，后者对于孩子的一生更为重要，但家长们常常会本末倒置。小学是男孩们性格培养和品质塑成的重要时期，家长们需要把握原则，悉心教导，从小为他们注入积极、友善、专注、乐观、自律、负责、感恩……能够让他们受益终身的正能量。

Chapter 3

给男孩成就一生的能量

01 给男孩的好奇心一个友善的环境

好奇心会拓展孩子认知世界的空间，会培养他们对事物积极探索的欲望，而这些都将是深刻烙印在孩子身上的宝贵财富，未来会变成他们内在的学习驱动力。

我们都知道，好奇心是推动人类发展的最大原动力。但是目前我们的家庭教育中，在对待孩子的好奇心方面却存在着一个奇怪的现象：在孩子上小学之前，我们绝大部分家长都对孩子的好奇心秉持鼓励与赞美的态度，因为大家都知道，幼儿的求知过程就是好奇心在发挥作用；但是一旦孩子入学，很多人就开始对孩子的好奇心加以控制，尤其是男孩子们的家长，有的甚至是粗暴地遏制。

我个人认为，这部分家长这样做的原因，一是认为上学后学校教育才是孩子学习的全部，二是因为好奇心强的孩子在学校引发的麻烦层出不穷，让家长应接不暇。一位妈妈就曾经用崩溃来形容儿子上了学半学期后的心情：在老师的眼中，个性活泼、从小就喜欢刨根问底的儿子，俨然成了班级里的害群之马。因为成绩普通，又太爱问“为什么”，尤其在一次学校的科学公开课上，竟然接二连三地举手提问了五六次。老师认为这个男孩严重地破坏了课堂秩序，还曾经毫不客气地在家长微信群里，批评她管教孩子不严格。这位备受刺激的妈妈痛定思痛，为了扭转老师的看法，决心首先改变自己的态度，之后每逢孩子好奇地提问时，她都用强硬的口气回答道，问那么多干吗，好好学习！

坦率地说，听了她的讲述，我很心疼她的儿子，因为孩子的求知欲和探索精神就是在一次次问“为什么”，而后一次次找到答案的过程中培养起来的。曾经有一句很流行的话“心有多大，舞台就有多大”，这句话恰如其分地表达了我们对男孩子们的强烈好奇心应该给予鼓励。从儿子以及身边众多优秀男孩子的成长经历来看，在孩子幼年时期，家长们对孩子好奇心的保护和引导，会对他们未来是否能够拥有更广阔的个人发展空间有着很重要的作用。

好奇心是个体寻求知识的内在动力，小学阶段，正是男孩子好奇心旺盛时期，这个时期不怕他们有问题，就怕他们无法提出问题。记得儿子这个时候，脑袋里面有无数个为什么，从天上到地下，几乎就没有他不好奇的地方。每次周末放学回家，都缠着我和他爸爸问这问那。儿子四五岁的时候，我们曾经带他去北京天文馆观看了一场有关太空的穹幕电影，没想到从此激发了他对太空的强烈好奇心。上小学后，由于时间紧张，无法经常带他去天文馆，儿子就主动提出让我给他买一些相关书籍。有关天文的书籍都图文并茂，印刷精美，自然价格也不菲，但是看到儿子眼巴巴的神情，我还是咬着牙一本不落地把市面上质量不错的书都买回了家。

有家长认为我不应该如此鼓励儿子，看课外书不仅对学校成绩的提高无帮助，而且还占用孩子学习的时间。我却不这样认为，我觉得小学阶段还属于基础教育，绝大部分孩子都会很顺利地完成学业，与其花费太多的精力迫使孩子死扣书本上的知识，纠结于孩子成绩一分、两分的提升，不如更多地鼓励孩子对广阔的未知领域进行探索，况且这个阶段从男孩子的大脑发育情况而言，要求他们长时间的静坐学习还不太现实，所以对此我很赞成法国教育家卢梭的理念："问题不在于教他各种学问，而在于培养他有爱好学问的兴趣"。好奇心会拓展孩子认知世界的空间，会培养他们对事物积极探究的欲望，而这些都是深刻烙印在孩子身上的宝贵财富，未来将变成他们内在的学习驱动力。

要知道，升入初中后，课内学习的内容将变得丰富而又充满压力，如果在小学阶段没有让孩子保持旺盛的求知探索欲望，那么我们的孩子就很容易在将来艰深的课程面前失去动力与勇气。

况且，有益的学习总是会在某个我们无法预料的阶段发挥作用。比如我的儿子高考时最终选择填报北大物理系，就与他儿时对天文的热爱与探索有很大关系。因此，趁着小学时期的男孩子们正处于思维活跃、兴趣广泛、对任何事都愿意尝试的阶段，那么尽量满足他们的好奇心对一生都有益。

当然，对精力旺盛的男孩子来说，好奇心是一柄双刃剑，但只要有很好的引导，好奇心就能成为孩子寻求知识的动力，我对此深有体会。现在，很多家长都对孩子热衷玩电脑这件事谈虎色变，但是这又是必须面对的问题，因为男孩子对电脑有着天生的好奇心。记得儿子刚上小学的时候，当时因为工作需要，我买了一台电脑，儿子觉得特别神奇，一回到家里，就粘在电脑前不肯挪动半步。

每次儿子玩电脑的时候都很着急，起初他还找我帮忙，当他发现我也一知半解时，就要求我给他报一个电脑班。当时的电脑班并不像现在这么多，并且没有适合孩子的。没有办法，我只好给先生买了几本有关电脑的书，想让他学习一下，有时间指点儿子，可是他工作很忙，根本无暇看书，儿子急得团团转。记得一个周末早晨，我一起床，就吃惊地看见儿子坐在电脑前，左手拿着一本厚厚的电脑书，右手敲弄着键盘，一会儿看看书，一会儿又看看电脑。我好奇地走过去一看，原来儿子等不及爸爸，干脆自学起来。

就是从那个时刻起，我意识到作为家长，应该用一切可能的方式把孩子们求知的欲望激发起来，而不是用一切可能的方式打压孩子的好奇心。于是，我转换了心态，开始支持并引导儿子自学电脑知识。我采取了两个办法，一是冲淡儿子对玩游戏的好奇心，找了好些谈电脑游戏危害性的报道和他一起读，我们没有办法抑制孩子对游戏的兴趣，但至少尽可能要用行动告诉他沉迷于电脑游戏的危害性；二是增强儿子对电脑的好奇心，我给儿子买了几本有关信息革命和比尔·盖茨的书。尽管儿子还看不懂，但是从这里看到了电脑在未来人类生活中的发展远景，对此，他充满了浓厚的兴趣。

儿子在自学的过程中，电脑险象丛生，我们常常要到外面去重装系统，有时候他还会误删存储在电脑里的重要文件。在忍不住要批评他的时候，我们就想着孩子主动探究事物的积极性不能打击，索性就由着儿子折腾。就这样，儿子自己一点一滴地慢慢积累了丰富的电脑知识，不仅没有玩电脑游戏上瘾，反而信心满满地参加了学校的电脑机器人竞赛，最后还被推举代表学校去参加了北京市东城区小学生机器人比赛。

目前我国的应试教育体系和孩子的发展特点有些背道而驰，为了方便统一管理，有些老师常常约束孩子的好奇心发展。我们不能苛求学校为孩子提供一种完美的教育，但是作为家长，有责任为我们的孩子营造一个尽可能良好的教育环境。家长们如果有办法能够请老师也爱护孩子的好奇心，当然更好，倘若做不到这些，那么，在当孩子因为好奇心问题在学校受到打击的时候，家长应该用实事求是的态度，来判定这是有益于孩子发展的好奇心，还是不可鼓励的好奇心，然后再想办法来缓解孩子在学校受到的压力。

我们要允许我们的男孩子们在小学阶段的学习成绩暂时落后，要相信只要保护和引导好他们的好奇心，到了初高中后，随着他们自控力和专注力的逐步增强，学习成绩一定会有质的飞跃。初高中阶段的男孩子们的成绩是不会无缘无故地就变好了的，那是因为有智慧的父母在他们小学阶段保护了他们好奇心，让他们拥有了学习知识最宝贵的内在驱动力。作为男孩的父母们，一定要明白这个道理。

02 不容忽视的专注力

绝大多数孩子都是天生的专注力专家。很多时候，孩子的专注力是在家长以“教育”和“关心”为名义的随意打扰中被破坏了。

现在，人们越来越多地谈到“专注力”这个词，专注，并不是单纯指持续多少个小时的全神贯注，更是指一种态度，一种心无旁骛的精神。专注的力量逐渐被整个社会认可，家长们也意识到，比起智力、学习成绩或者才华，专注力更能让孩子将来获得成功。

和女孩子相比，很多男孩子上小学后太活跃了，上课不注意听讲，写作业时心不在焉，本来可以短短一个小时完成的作业，有时候要磨蹭到晚上十一二点才能写完。在学校，有的男孩子被老师贴上“不专注”的标签，甚至有的时候还会被认为存有学习障碍。的确，专注力是高效学习的基本要素，专注能力强的人能提高时间的利用率，独立思考能力也会大大提高。小学阶段男孩们精力易于分散，注意力差，正是需要培养专注习惯的关键时期。虽然世界卫生组织研究发现：全球有60%注意力问题儿童会在13~15岁期间出现发育性改善，但如果不加以培养，仍有40%的儿童会把问题带到成年，导致成年注意力障碍。

其实，绝大多数孩子都是天生的专注力专家。很多时候，孩子的专注力是在家长以“教育”和“关心”为名义的随意打扰中被破坏了。

有一次，我应邀去一个朋友家做客，她儿子上小学二年级，按照她的说法她已经为孩子操碎了心，儿子总是能发现比写作业更有趣的事情，注意力就随之转移，老师怀疑他有多动症。朋友希望我能够帮她教育教育儿子。我去的时候，小男孩正在房间里写作业。我发现朋友对孩子那真叫一个用心，虽然和我聊着天，但感觉她的心都放在儿子身上，一会儿倒杯水给儿子送进去，一会儿高声催促儿子抓紧把作业写完了，在和我聊天不到一个小时内，她来去儿子的房间四次，还不算上她不时地告诉孩子一句什么话。

我心里感叹，这么不专注的妈妈能培养出专注的儿子才怪呢。我半开玩笑地说：“儿子做事不专注，你这个当妈妈的要负很大的责任。”朋友觉得特别委屈，因为自从儿子上了小学，她平时晚上根本不敢外出，把所有的心思都投入到了孩子的教育中。我告诉她："家长是孩子第一个且最重要的榜样，你在和我聊天的过程中都心不在焉，可见你平时处理很多事情时也会表现出来不够专注。孩子看在眼里，自然也不会认为专注有多么重要。再者说，你儿子这个年纪，注意力集中的时间本来就只有20～30分钟，你却不停地打断他，这就好比你把这30分钟切割零碎了。我们大人还会因外界的干扰而心思烦乱，难以专注，何况一个自制力弱的孩子呢？"

还有一位朋友，事业有成，儿子读小学四年级。她一直信奉不能让孩子输在起跑线上，坚信一旦孩子懈怠下来，就很有可能被别的孩子超越。所以她把儿子每天的时间安排得非常满，平时除了有学校的作业外，还有家庭作业；周六日更是如同赶场一般，比如周六上午是英语班，下午是乐团活动，晚上还有奥数课。我这位朋友要求孩子把作业带到乐团去，抽空就写点作业。她对自己的安排很得意，觉得孩子没有浪费一点时间。没想到，孩子的学习成绩越来越差，写作业的速度变得奇慢无比，总是要写到十一二点。三年级时成绩还处在班里的中等水平，到了四年级第一学期，成绩就落在了倒数。朋友实在想不明白，怎么成了现在这个样子。她一度怀疑儿子大脑受到了损失，想带着儿子去医院做脑CT，被周围的朋友劝阻了。任何旁观者都能看得出来，这不是孩子的问题，而是家长出了问题。

小男孩是我看着长大的，我也很好奇为什么会变成这样。在我保证绝对不将秘密告诉他妈妈后，小男孩告诉我，作业写那么久，是他故意的。反正学校的作业完成了，也不能干自己喜欢的事情，那还不如边学边玩，估摸快到睡觉时间再写完，这样就不用做妈妈布置的作业了。唉！很多家长都是这样，经常在做丢了西瓜捡了芝麻的事，看似比其他人抓紧了时间，其实却伤害了孩子宝贵的专注力。孩子不专注，直接导致的就是学习效率低下，简单的作业变成了一场持久战，结果孩子身心俱疲，这种情况下，每天完成作业就不易了，何谈提高学习成绩呢？

目前，西方发达国家通过对儿童生物节律的研究，把学龄前儿童每天有效的学习时间定为3.5～4.5小时，小学生每天上课的时间为9点至11点或12点；对年龄稍长或接受程度高、领悟能力高的孩子则下午适当添加几个小时，一般从2点半到4点或者4点半。如此对比来看，中国孩子们每天在校的学习时间就远远超过外国孩子。再加上各种课外班，每个孩子其实都是在超负荷运转，既伤害了孩子对学习的兴趣，也因成绩落后而伤害了他们的自信心，让孩子们变得厌学。

孩子们需要有张有弛的生活，尤其是小男孩，更需要拥有更多可支配的时间和空间，否则你不给我空间，我就给自己制造空间，这就是男孩子的特性。所以成年人不要以自己的功利之心，损害孩子专注学习的潜力。

所以，在我看来，要想让孩子拥有专注力，家长首先要做的是弄清楚孩子不专心的背后原因才是根本之道。先要保护孩子的专注力，其次才是培养。保护和培养都需要无限的耐心。

当年我把对儿子的专注力培养主要集中在了写作业上面，之所以选择写作业，是因为这是中国孩子必须持续做12年的一件事，并且这12年中几乎天天都要做。我想如果这方面可以做到心无旁骛，一心一意，那么既可以提高学习效率，为儿子赢得做他感兴趣事情的时间，也可以保证他的学习效果，为将来考入理想的学校打下良好的基础。当专注成为儿子的一种能力时，势必对其他方面的发展都大有裨益。

因为儿子平时住校，培养专注力这件事我大概花费了半个学期的时间才有成效。首先周末我绝对不给儿子安排过多的课外班，一般都是一天写作业，一天课外班，晚上不做任何安排，基本都是儿子的自由活动时间，所以他通常会有从容的时间完成作业。我不太赞成在小学阶段把孩子的学习时间切割很碎，特别是男孩子，很容易被其他事物吸引，如果家长不停地让他们转换学习空间，他们绝对难以静下心来学习。

我在家里布置了一处安静整洁的学习角，当时没有条件给儿子一个独立的房间，我就给他买了一张非常宽大的书桌。据科学家研究成果显示："男孩子的大脑更倾向于在广阔的空间中游戏和学习，当被限制在狭小的空间时，男孩常常会像热锅上的蚂蚁般坐立不安”。因为桌子大，儿子就可以把书本，草稿纸，作业本等都铺在桌子上，这样无形中心理上就有一种暗示：我都准备好了，我要开始写作业了。

每次儿子做作业之前，我都和他沟通一下，老师布置了大约多少作业，估计需要多长时间完成，完成以后就可以做些什么事。然后我会建议他把认为难的作业先做，因为大人也是一样，开始做事的时候，都精神饱满，注意力更集中一些。每一科完成期间，我都不会去打扰他，只在距离不远的地方安静读书。完成一门，就休息一会，喝点水，上个厕所，母子两个人聊聊天。

刚开始的时候，儿子不习惯，觉得在家一点都不自由，不愿意遵守，也有磨磨蹭蹭的时候，一页简单的语文作业写半个多小时。我看在眼里也起急，但一再告诉自己要忍住，装作完全沉浸在书中的样子，根本不去管他。等他终于做完了，我就很遗憾地告诉他，哎呀，你今天做作业的时间久了，玩耍的时间就少。因为我从来都说话算数，答应儿子的事绝对做到，所以儿子就觉得是自己把玩耍的时间占用了，下次他就会努力缩短做作业的时间。我一般不会帮他检查作业，但是会有意识地训练他做题的速度和准确率。有的时候我会和他比赛，比如数学，一张卷子50道题，第一次规定30分钟完成，然后增加难度换另一张卷子，20分钟内完成，接着，不规定时间，看谁完成得又快准确率又高。因为是和妈妈比赛，儿子总是特别兴奋，全力以赴。当他速度快准确率低的时候，我就帮他分析，是因为题目难还是不够专心，告诉他如果心里总想着输赢，就无法做到一心一意，就会影响做题速度和准确率。这样的训练，既培养专注力，对孩子的心理素质也是一个很好的锻炼。

专注力这个良好习惯的养成，看似花费了不少的时间，却成为儿子求学期间平衡学业和兴趣的法宝。儿子大三下学期，临时决定跨专业报考研究生的时候，这个良好的习惯更是发挥了决定性的作用。当时时间非常紧，儿子又是从物理专业转到经济学专业，需要重新学习新课程，压力之大可想而知，可他硬是凭着超强的效率和专注力如愿考上了研究生。

有的家长可能说，为了培养孩子的专注力，我什么办法都试过了，就是没用。但我不这样认为，我相信任何孩子的专注力都是可以培养的，每个孩子都有不同的专心方式，前提是作为家长要有意识地提醒自己和孩子。人后天改变自己的力量是强大的，要针对不同个性的孩子，找到不同的克服方法，才能对症下药。改变要一项一项开始，要试着挑选孩子感兴趣的点来培养他们的专注力。只要做家长的持之以恒，就一定可以挖掘出孩子更多的潜力。

03 告诉孩子，冒险并不意味着危险

冒险总是与勇气同行，在我看来，让一个孩子拥有知识和技能不是最难的，最难的是拥有敢于勇往直前、积极挑战、不怕失败的冒险精神。

儿子小学一年级暑假，当时我们几个平素关系好的家庭一起到辽宁旅游。游览沈阳故宫时，我们坐的景区提供的游览车，当时车速不是很快，门敞着。儿子站在门边问他爸爸：你说我现在跳下去，能不能站住？他爸爸正和朋友聊着天，就顺嘴回了一句：不知道，这得跳跳看。话音未落，儿子就腾地从车上跳了下去，只听见啪的一声响，响声之大，一车人都惊呆了。司机师傅赶紧停了车，我和先生也吓坏了，两个人跳下去一看，儿子摔在几米之外，正努力从地上爬起来。庆幸的是儿子那次受伤不是很严重，没有伤筋动骨，疼了一些天就好了。

在此之前，我一直特别鼓励儿子勇于冒险。近30来年，一

种全新科学——性别科学的研究得到了广泛的关注，全社会越来越深刻地意识到性别是纯自然的属性，男孩和女孩大脑结构与功能有所差别。比如男孩血液中的多巴胺（可增加冲动性冒险行为的概率）含量较多，流经小脑（脑中控制“行为”和“身体行动”的部分）的血流量更大。这些因素表明了男孩子比女孩子更富有冒险精神，也就是说冒险是男孩子的天性，这就意味着我们做家长的即使努力想把男孩塑造成我们心目中的样子，也无法改变他们这种内在的特质。

同时研究也表明，精力旺盛的男孩更倾向于以冒险等创新的方式学习。所以，我在保护儿子冒险天性的同时，也期待他在冒险中可以开阔眼界，增长见识，培养他的勇气。我儿子小时候并不是个胆子很大的孩子，很多时候表现得还很谨慎，为了锻炼他的胆量，我经常陪着他一起冒险。印象最深的一次是在北戴河玩滑沙游戏。为了给儿子做榜样，我咬着牙，坐着滑板车率先从呈45度角、100多米高的沙山顶上滑下，当工作人员把我推下去的那一瞬间，我紧闭双眼，耳边风声呼啸，吓得眼泪都掉下来了。由于过度紧张导致失误使得滑板偏离了方向，我差不多是在沙山上打着滚下来的。当有惊无险地到达山脚下时，满脸都是泪水和沙子。儿子在我的鼓励和引导之下，也确实从户外活动中获取了很多技能和知识。

但是自从儿子“跳车”这件事发生后，我深刻地意识到由于小学时期男孩子们的反思能力和控制能力都还没有形成，即使接受了再多的安全教育，也非常容易受到暗示和兴趣的支配而鲁莽行动。比如我儿子，他其实很懂事，我也已经非常努力地让他了解了冒险活动的安全必要性，但是他仍旧会做出极有可能造成危险后果的事情来。有人形容小学时期的男孩，就像脱缰的野马，闯祸或者是受伤，是家常便饭。研究也显示，这个时期男孩子受伤的比例，是所有年龄层中最高的。

我一个朋友的儿子，就是小学春游时，和同学玩探险游戏，结果失足从高高的假山石上跌落，被凸出的一块坚硬石壁刺伤了眼睛，最后不得不摘除眼球，植入假体，造成了终身的伤害。为了保护孩子的天性，或者希望孩子在冒险活动中获得知识和能力，于是鼓励并为孩子提供冒险的机会，这好像是为了孩子好，但深入分析一下，在某种意义上，这是否也是将孩子更多地置于危险之中呢？这种教育上司空见惯的做法，是否具有培养孩子冒险精神真正的教育意义呢？

经过很长一段时间的认真思考，我决定将对儿子冒险精神的培养定义为培养一种积极的人生态度，冒险总是与勇气同行，在我看来，让一个孩子拥有知识和技能不是最难的，最难的是拥有敢于勇往直前、积极挑战、不怕失败的冒险精神。现在，很多孩子不敢挑战自我，哪怕力所能及的事情也避犹不及，而我们的男孩子们总有一天要长大成为一名男子汉，在自我实现的同时，必定要对家庭、对社会肩负起一定的责任，所以说这种精神对他们来说更为重要。

美国世界著名经济学家梭罗曾经说过："有胆识的冒险，虽然有失败的可能；但没有冒险的胆识，注定会失败"。如果留意我们的身边，不乏这样的例子，有的孩子从小学到高中，学习成绩都名列前茅，但是步入社会以后，他们却成为了同学中最不起眼的一个，往往成为在事业发展中表现平平的人。其原因很简单，因为这些孩子没有勇气接受职场的挑战，往往会选择非常稳妥的工作。

因为对冒险精神的理解发生了改变，我发现日常生活中很多事，对小学的孩子来说，都可以视作一种冒险。为了能让儿子理解、接受这种改变，我经常找时间和他聊天，告诉他冒险活动除了有大小之分，本质上没有任何区别，与危险系数高低更是无关，重要的是对待这件事的态度。比如我做饭的时候少了根葱，你下楼帮我买了一下，这对你来说就是一种小冒险，因为之前你从来没有做过；又比如，你前几天告诉我很想参加班委的竞选活动，然后你就勇敢地报名参加了。虽然第一次你没有选上，但是你有胆量站在讲台上，发表你的竞选演讲，这也是一种冒险。

让我没有想到的是，儿子看起来很喜欢我对冒险的新定义。有一次，我开车带他从一家大型游乐场外面经过，我对着儿子说：“我记着咱们玩疯狂老鼠的时候，我都快吓死了，可是你看起来很过瘾，我们要不要再玩一次？”儿子欲言又止，最后还是告诉我，他一点都不喜欢这个游戏，那天他表现得那么勇敢，完全是因为担心我责备他胆小。晚上回到家后，他越想越后怕，自己还偷偷哭了一鼻子。我听后，吓了一跳，如果我一直按照以往的方式培养儿子，不知道会给他留下多少心里阴影呢。

自然，儿子也有苦恼的时候。有次在学校趁老师没注意，几个男孩子比赛从楼梯上往下跳，儿子没有参加，就被他们嘲笑是“胆小鬼”。那个周末，儿子回家的时候，特别不开心。我听后却大大地表扬了他一番：“儿子，你太了不起了，你知道吗？敢于说‘不’的人，才是最有勇气的。”“为什么？”儿子很好奇。我说：“你想啊，你这不是在冒着被同学说成是胆小鬼的后果，拒绝了他们吗？！在妈妈看来，这才是一种高级的冒险，他们那种行为是危险的，反而应该阻止。”

后来这几个孩子又一次玩这个游戏时，其中一个孩子头朝下撞到地上了，治疗后留下了严重的脑震荡后遗症。通过这件事，儿子坚定了对“冒险不等于危险”的认识。也是从这件事开始，儿子对我所说的冒险有了更深一步的了解。此后他经常自己找些小冒险，乐此不疲。有时是要求自己一定抱一次楼下邻居家的狗（他一直很怕狗每次见到都绕着走）；有一次还决定把数学考满分当作一次冒险。在此之前他经常是98、99分，每次都差那么一点点，为了达到这个目标，那段时间他学习的时候非常认真，最后终于如愿以偿。这些看似不起眼的点滴小事，慢慢累积了儿子对冒险精神的热爱，也让他对达成目标充满了自信。

对儿子冒险精神的培养，在他初中升高中时得到了很好的回报。当时，他就读的人大附中初中分校希望他签约本校，并承诺直升实验班和免除学费。儿子征求我的意见，我问他："你自己的想法呢？"儿子毫不犹豫地说："我想报考人大附中。"儿子没问我之前，我还有点犹豫，因为以儿子当时的学习成绩，距离人大附中历年的平均录取线还有一定的距离，但是看着儿子兴奋的样子，我也举双手赞同。这次选择是有风险的，因为如果没有考上意味着分校的好机会也会错过了。但是我和儿子约定，不要考虑结果，只是努力去做，要自信满满地去迎接这个挑战，最后儿子靠自己的实力考上了人大附的高中。这就是冒险的意义：积极尝试、勇往直前！

04 陪儿子学萨克斯

我让儿子学习乐器之初就抱有这样一个信念：坚持的意义大于学习本身，培养儿子做事能持之以恒才是最重要的。

现在，家长们都注重孩子的全面发展，让孩子在适当的年龄学一两门乐器是很多家长的共识。但是在培养孩子学习乐器的时候，首先要想清楚了，为什么要孩子学乐器？当时我和几位妈妈朋友聚在一起讨论过，有的妈妈想把它当作一种特长，希望对孩子的升学就业有所帮助，也有的妈妈只是单纯地想让孩子怡情养性。我是希望在儿子有个兴趣爱好的同时，能够从小培养他做事的坚持性。看到很多身边的孩子学习乐器半途而废，所以我让儿子学习乐器之初就抱有这样一个信念：坚持的意义大于学习本身，培养儿子做事持之以恒的态度才是最重要的。

男孩子学习乐器，我的原则是所有的考虑要符合男孩发育的常识：生物学的知识告诉我们，男孩大脑前叶中控制冲动的区域发育得缓慢一些，男孩完成精细运动和自我控制能力也相对差一些，所以对于大部分男孩来说学龄前不合适学习乐器，很多孩子没能坚持下来也跟学得早有关。另外乐器的选择也要符合男孩的特征，小男孩7、8岁的年龄，好动、自我约束能力差，一节课的时间都很难坚持下来，更何况坐着弹琴。所以我决定选择一种活动性比较大的，既可以站着练习，也可以拿着随意走动的乐器。

孩子学习乐器有的时候也是一种机缘，儿子上小学的阶段，正好是克林顿当美国总统，克林顿擅长演奏萨克斯，媒体和舆论也把这件事作为重要的标签来介绍克林顿。总统是优秀的萨克斯手为很多美国人所津津乐道。这给了我灵感，就想让儿子学习萨克斯，除了萨克斯适合小男孩学习以外，还有更关键的一点：小男孩对领袖人物或者英雄会产生好感和崇拜，如果我把学习乐器这件事情和领袖联系起来，儿子会更渴望学习，也会更有兴趣学习。

在和儿子聊天的时候，我会有意识地引导儿子，我告诉他美国的总统也喜欢吹萨克斯，你是不是可以考虑学习萨克斯？你如果学习萨克斯，等于是和美国总统有同样的爱好，那将是一件多么酷的事情啊。因为有了这种先入为主的渲染和引领，三年级时，儿子学校有专业的培训老师来推广乐器课程，儿子果然对萨克斯有了兴趣。在了解了儿子的身体条件适合吹奏萨克斯后，儿子顺理成章地选择了萨克斯。

常常有一些家长将自己的兴趣强加给孩子。我的一个朋友，很喜欢美国的著名大提琴演奏家杜普蕾，年轻时就憧憬自己也会拉大提琴，有了女儿后，就把这个愿望寄托在孩子的身上了，结果弱小的女孩根本不适合拉大提琴，最后发展到提起大提琴就哭。本来是培养孩子兴趣的一件事，却变成了对孩子幼小心灵的伤害，实在是得不偿失。所以孩子和乐器的缘分父母最好是因势利导，顺势而为。

孩子学乐器不是一件简单的事，一旦确定要学，家长在经济上、精力上就要做好付出的准备。首先是买乐器，乐器贵贱不等，便宜的可能只有数百元，贵的则要数万元。很多家长觉得，在孩子学习初期，还不知道能不能坚持练下去，先买个差一点的，等他学得差不多了，再给他买好点的，省得浪费。这种心态看似有道理，我却觉得这些家长从一开始在内心深处就不相信孩子，也不相信自己可以坚持下去，这样孩子怎么可能学好呢？

记得当时萨克斯低端一点的不到3000元，高端一点的要8000多元。我带着儿子逛了几家乐器店后，非常认真地问他：你真的打算要学习萨克斯吗？儿子回答说是。我说你要想清楚了，8000元对于爸妈来说不是小数目，有便宜的，但是质量肯定差一些，有可能把你的音准给毁了。我不想因为乐器本身的问题，从一开始就让你的学习起点很低，听力对于学习音乐是很重要的。儿子当时也就不到9岁，可我把他当成大人一样交流。我说：“你要是决定要学萨克斯，那么中途遇到什么困难都要坚持下去，不能半途而废。妈妈也答应你，绝对不逼着你去考级，除非你愿意。这些我们要提前约定好。”看见我一脸认真的样子，儿子也很认真地想了想，最后答应了我的要求。

开弓就没有回头箭，在儿子学习乐器这几年，我真正体会到了坚持的不容易。刚开始的半年很顺利，他每周都能完成老师布置的作业，每天的训练也比较积极主动，但是随着学习难度的增加，情况开始发生变化。有时一首曲子练了几遍不会，他就开始烦躁，然后找借口：“妈妈我的嘴吹疼了，我不练了……”我自然不能答应，希望他接着练。这个时候他开始和我对抗了，找茬跟我闹意见。有一次，我只说了一句“你吹的声音有点飘”，他就冲着我大吼“你懂什么呀！”我也急了说：“我怎么不懂？我每周都陪你去上课，我听见老师说了，出来这样的声音是因为你不够专注。”儿子还是不服，接着嚷嚷：“你就学着老师说我，你根本就不知道什么是飘……”

儿子这样的态度也反映出男孩的特点：自尊心特别强，你稍微批评下，就反弹得特别厉害，你不关注他的情绪，他就以一种激烈的方式提醒你，用找茬、发火来掩饰他们的脆弱。如果我们不懂得他们这些小伎俩，最后肯定是要败下阵来。那次我被气哭了，告诉他，妈妈不管了，你爱学不学。那段日子像梦魇一样，基本上是我发一次脾气，儿子的练习能顺利几天，接着他又莫名其妙地发火、不耐烦。这让我身心疲惫，有了很大的挫败感。

到底要怎么办？是继续跟儿子纠缠，坚持学下去，还是像很多父母说的孩子不想学就不学呗，不要强迫孩子，学习乐器顺其自然就好？身边妈妈们的这些话都是给我让儿子放弃学习的最好借口，但是我想起了和儿子的约定，我不能单方面就不遵守呀，儿子自己并没有说不学呀。哭过之后我开始冷静思考造成现在这种僵局的原因，突然发现自己犯了错误，儿子学习遇到瓶颈，我却只盯着他的进度和质量，完全违背了让他学习乐器的初衷——坚持学下来是最重要的。

还有急躁之后我几乎忘了和儿子的相处之道：要观察他的情绪，要照顾他的自尊心，这是小男孩最在乎的事情。找到原因就进行调整，首先我不再当儿子的老师。学习难度增加后，老师的要求也有所提高，儿子达不到标准，心里急，我就不再给他施加压力，以陪伴为主，少挑错，多鼓励，多肯定。我的这番变化，很快得到了儿子的回应，他反而会主动地问我吹得怎么样。这个时候我会克制住自己当老师的冲动，告诉他，不错，进步很大。儿子有时会半信半疑，我就说这么复杂的曲子妈妈看都看不懂，更别说吹奏了，你看你有多棒。摸准了儿子的脉，心态调整了，和儿子之间的摩擦减少，对峙缓解，儿子学习起来比较轻松，每天的练习也顺利地进行下去。

然后我开始灵活安排儿子的练习时间。每天晚上一个小时的练习，对需要更多自由的小男孩来说限制太多，我觉得能坚持练习就好，不用严格地按照老师的要求去完成，我也会和培训老师沟通好得到他的理解和支持。比如说头天练得比较辛苦，效果不太好，第二天他开始练习时，我会说：今天就别练了，你想干吗就干吗吧，歇一天，等明天咱们再认真专注地练习好不好？这个时候儿子就会特别高兴，有时还会用拥抱来回应妈妈对他的理解。第二天他的练习会非常投入，效率很高。通过这样的调整，我们之间冲突减少了，儿子每天的练习开始正常，也开始享受学习。

为了让儿子更好地坚持下去，我开始从学习兴趣和学习动力上下功夫，利用各种机会和方法激励儿子。我记得有一次世界著名的萨克斯演奏家肯尼基（Kenny G，以下简称“肯”）来北京开演奏会，我特地买票带儿子去现场感受大师的演奏魅力。那天儿子自始至终都非常兴奋，肯在现场演示自己吹长音的能力时，儿子也屏住呼吸，瞪大眼睛，直到肯结束才长舒一口气；肯跑上观众席和大家互动时，离儿子特别近，他一边吹奏一边对儿子微笑。当时儿子的脸涨得通红，一脸的崇拜。我很兴奋自己又给儿子找到了一个偶像和榜样，小男孩心中永远需要一个英雄来激励他。榜样的力量加深了儿子对萨克斯的喜爱和感悟，当他出现懈怠的时候，我会和他一起回忆肯尼基那优美的长音，一起探究那背后的汗水和坚持。

家庭聚会或者儿子的生日会，我也会和儿子商量给大家表演一下最近练习的曲子。儿子刚开始还有点扭捏，怕吹不好，我会鼓励他：很多人还不知道萨克斯的声音多么优雅好听呢，你让大家感受一下。第一次现场演奏，儿子就赢得了朋友们的热烈鼓掌，受到众人的关注和赞赏。想要自己当英雄是小男孩心里的梦想，于是每次在大家面前表演让儿子找到了受人瞩目的感觉，也就更有了坚持下去的动力。

经过一段时间的学习，对待考级这个问题，我们也有了一些变化。最初我们不提倡考级是怕给儿子增加压力，丧失对学习的兴趣，后来指导老师建议我们让孩子考，我们想想这样也好，考级不是为了证书，是为了学习目标更明确，让孩子完整地做完一件事。恰好儿子也愿意考级，我们理所应当尊重他的意见。因为有了一个具体的目标，他练习起来更有动力，学习劲头更足，效率也更高了。男孩喜欢竞争，也愿意争上游，只要把握好度，考级也还是有利的。

当然我经常用的方法，是把儿子当大人，跟儿子讲道理，不可避免地做“唐僧妈妈”，因为12岁之前的孩子，特别是男孩，真的需要妈妈这样的唠叨和提醒。我会不厌其烦地和儿子说：你看着人家演奏得潇洒，其实背后都是吃苦过来的，克林顿也一样啊，聪明、有毅力、能吃苦才更难得呢。儿子似懂非懂，但他明白的是那些曲子练习少了，就吹不好，只有超过了50遍，甚至

100遍的练习，他才掌握。我告诉儿子，妈妈之所以让你这么坚持学习音乐，就是想让你明白学习乐器和你平时的学习一样，要想学得更好，就一定不能走捷径，靠小聪明是不行的，坚持和勤奋才是最重要的。

所有的学习都是相通的，小学之后的初高中的学业，儿子也碰到了很多的困难，但他习惯给自己一个目标并且朝着目标坚持不放弃，学习乐器的确让儿子养成了做事坚持的习惯。虽然过程曲折，但结果都还不错。这种坚持也一直影响着他大学之后的生活。他考上北大，加入山鹰社，他有了登雪山的梦想。为了登山，儿子在近一年的时间里，每周进行三次高强度训练，这些枯燥的训练让很多同学选择了放弃，最后没有机会入选登山队。但儿子坚持下来了，最终他梦想成真。登雪山是征服者的运动，是对一个人身体、心理和意志品质的极限挑战，是坚持让儿子拥有了这样宝贵的经历，这经历让他向男子汉又迈进了一步。读研之后的儿子，在钻研学术感到疲倦的时候，仍然会选择吹奏乐曲来缓解自己的情绪，这比玩电脑游戏更让我们感到安慰，虽然这中间有几年他几乎没碰过乐器，可那有什么关系，爱好是陪伴终身的。

陪儿子学习乐器是我最费心、费力、费神的一件事，但我到现在都不后悔曾经的付出。我看到身边很多朋友对待孩子学习乐器大都抱着玩玩的态度，孩子喜欢玩就接着玩，不喜欢玩就放弃，没有必要跟孩子较劲，很多父母更愿意在数学或者英语等学科花费时间和精力。其实学习乐器对孩子成长的诸多好处已经得到教育专家和心理专家的普遍认同，小学阶段音乐对于男孩成长的作用大于那些课本知识。男孩的创造力、想象力和智力的开发都和音乐有关。

孩子坚持学习乐器的背后，首先是家长们的坚持，只有家长有了坚持的决心和信念，才能真正地帮助孩子学会坚持。正在让孩子学习乐器的家长，想办法让孩子坚持下去吧，你们一定不会后悔曾经的坚持。

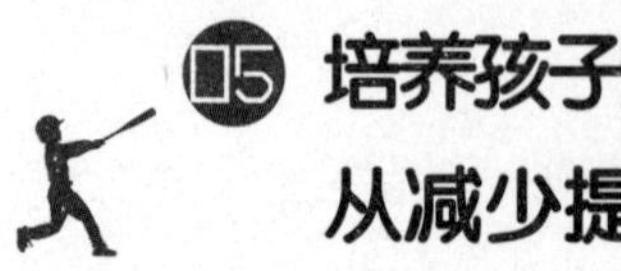

05 培养孩子责任心，从减少提醒开始

提醒并不能帮助孩子养成良好的习惯，相反，更容易让孩子形成依赖和推卸责任的心理。

责任心是一种非智力因素，是一种重要的、基本的人格品质，对小学男孩各方面的发展和他们将来的事业成功都具有极为重要的意义。责任心是一种习惯性行为，应该从小培养，小学阶段正是最佳时期。

儿子上小学后，我们把培养他的责任心放在一个非常重要的位置。因为觉得他年纪还小，所以总是以提醒为主。可是后来我发现，提醒并不能帮助孩子养成良好的习惯，相反，更容易让孩子形成依赖和推卸责任的心理。比如早上起床这件事儿，我们做父母的都习惯自己先起床，然后再把孩子叫起来，特别是刚上学的孩子，即便定了闹钟，很多孩子也是要等家长催促好几次才磨磨蹭蹭地起来。这种叫孩子起床的方式几乎成了很多家庭的常态，因为担心迟到，一些家长往往在催促几遍没有结果后便会发火，一大早鸡飞狗跳，家长和孩子的心情都被搞坏了。当年发现这种状况后，我便跟儿子约定：以后自己听见闹铃就起床，妈妈不再提醒，如果迟到了，后果自负。有一次闹铃过了十多分钟，还没看见儿子起床，我就开始了思想斗争：要不要去叫他起床？后来打定主意，暂时不叫，再过十分钟还不起来就去叫一下，那个时候迟到肯定成了定局，但是还不至于影响上午的课。那次儿子果然迟到了，放学回来就跟我没完没了："妈妈，你今天为啥不叫我起床呀，害得我被老师批评，影响了全班的考核……"我非常淡定地回答儿子："我们不是说好了吗，这本来就是你自己的事情，后果自负啊。""我哪儿知道你真的不叫我了呀，我还以为你会提醒我呢。"经过这次事件以后，儿子给自己定了好几道闹铃，最终起床这件事儿算是由他自己负责了。

培养孩子的责任心其实就是从小处着手，增强孩子的自我管理的能力。有一位妈妈跟我分享了她儿子养小狗的故事，让我深受感动。她告诉我起初她儿子提出要养小狗的时候是暑假，她并不同意，因为单是每天早晨看到邻居睡眼惺忪地下楼遛狗，就觉得养狗是一件非常麻烦的事。她儿子为了说服她，列举了好多条想养狗的理由，其中一条打动了她，小男孩说假期里每天他们上班后，家里总是他一个人，感觉非常孤单。

但这位妈妈没有马上冲动地买下小狗，而是很严肃地和儿子交流了一番，她告诉儿子养狗是件非常考验责任心的事情，小狗也是一个生命，不能喜欢的时候就好好照顾它，不喜欢了就遗弃它，小区里有些流浪猫、狗就是被主人丢掉的。儿子激动地说他才不会干这种不道德的事！接着，这位母亲又强调：养狗每天要做很多件事，要喂食，要下楼遛狗，还要经常给狗洗澡，生病了还要带它去看病……但还没有等她说完，儿子就打断她的话，胸有成竹地告诉她："妈妈，这些事我当然知道，我已经问过班里养狗的同学了。以后除了带小狗看病需要您的帮助，剩下的事情我都自己做。"

话说到这个份儿上，当妈的不再拒绝儿子，但为了能将养小狗这件事顺利进行到底，她要求儿子写一份保证书，把每天要做的事情记下来，然后贴在墙上，这样可以随时提醒他，小男孩同意了。

那个妈妈告诉我：小狗买回家后，开始一段时间，她儿子每天都兴奋极了，把狗窝搬到自己的房间里，精心地严格按照宠物店的建议给小狗喂食。下楼遛狗的时候是他最快乐的时光，经常是他在前面跑，小狗在后面追。小男孩亲昵地称呼小狗是他最最亲爱的小伙伴。但是，大概20多天后，小男孩的热情就不那么高了，当她发现已经有好几天儿子需要他们提醒才下楼遛狗后，就决定换种方法，装作完全忘记了这件事，不再提醒他了。

很快，小男孩疏于照顾小狗的后遗症就显现出来。有一天，到了下楼遛狗的时间，他照样躺在床上看书。最后，小狗实在憋不住，把大便拉在小男孩的拖鞋里。当他闻到臭味，翻身下床，结果踩了一脚的大便，气得他哇哇乱叫。

这位妈妈非常理智，她告诉我，当时她和先生都装作没有听见儿子的叫声，照旧做着手边的事。在儿子气急败坏地跑进他们的房间，责怪他们没有提醒他下楼遛狗时，她心平气和地对他说："儿子，麻烦你把你写的那份保证书，给妈妈念念。时间长了，妈妈都有些忘记了。"

小男孩自知理亏，气哼哼地走了。他们以为儿子会以此为戒，好好照顾小狗了，可是没过几天，他竟然又连续几次忘记给小狗喂食。小狗饥一顿，饱一顿，再加上可能又吃了什么不该吃的东西，结果一天早晨，小男孩起床后发现小狗软趴趴地躺在狗窝里，一动不动。这回他急得哭起来。当时她和先生刚出差回来，见此情景，连忙带着儿子和小狗去了医院。

那天小狗经过治疗回到家，因为刚输完液，按医嘱要观察几个小时，男孩坚持由他来观察。他拿了一本故事书，坐在狗窝的旁边，不时还要给小狗朗读几句，非常认真。那位妈妈说，除了偶尔走过儿子的房间顺便看一下，她一直没有打扰儿子和小狗共处的时光，她觉得这样的情景一定会记在儿子的心里。果然，从那以后，男孩再也没有需要父母提醒他照顾小狗。小狗陪伴男孩度过了童年、少年，在他大学快毕业的那一年，小狗去世了，男孩郑重地把它的骨灰埋在院子里的树下。

在小狗病好了以后，这位妈妈很认真地跟儿子谈了一次话，她跟儿子说：你最崇拜的比尔·盖茨曾说过一句话："人可以不伟大，但不可以没有责任心。"现在你一定了解责任心的重要性了。妈妈再给你讲件事，爸爸单位里的一位年轻记者，平时工作能力很强。可是在最近的一次采访报道中，由于疏懒，没有负责任地核实一些主要数据，结果报道发表后，造成不良影响，最后这位年轻人不得不离开了自己喜爱的岗位。所以做任何事，只要是属于自己应该做的事，就要负责任。你现在小，那么就从小事做起，比如写作业、做家务、班级打扫卫生……都认认真真地完成，这就是好孩子。一个人如果不能负责任地做好小事，那么一定也做不出来大事。"男孩认真地点了点头。那位妈妈说，从此，关于责任心这件事，她的儿子很少让他们操心了。

这位智慧的妈妈还有一点做得特别好，当时小狗生病的时候，一家人去医院，小男孩抱着小狗，眼泪一直吧嗒吧嗒地掉，她和先生当时都没有责怪儿子，因为看他难受的样子，就明白孩子已经知道自己错了。

很多家长都认为当孩子做错事的时候，就是批评教育的好时机，但是我觉得大部分孩子都能意识到自己所犯的错误，他们精神上所遭受的折磨是我们不能想象的。如果这个时候批评他，反而会增加他的内疚和负罪感。我尤其反对一些家长趁此机会大谈自己在养育孩子的过程中所做的辛苦努力，并以此来加重孩子的内疚或负罪感。他们认为这样对帮助孩子改正错误更有效果，殊不知，这些内疚和负罪感累积在孩子的心理，逐渐会变成负能量，年幼的孩子又没有释放和化解的办法，日积月累，对孩子的心理健康造成的影响是非常可怕的。

我认识一个年轻人，他告诉我，他小的时候，每次犯错，母亲都要语重心长地强调他辜负了自己的辛苦付出。母亲的出发点是善意的，却造成他在成长过程中总是认为自己是有错的，身边发生任何事，他都习惯性地问：是我做错了什么吗？这种感受是非常痛苦的，后来他通过接受心理治疗之后才逐渐改善。

所以，家长一定要了解增强孩子责任感所需要的不是增加他们的罪恶感，而是谅解。被谅解的时候孩子更愿意承担责任，更愿意接受他人的建议，才更可能从这种经历中学到东西。

著名教育家茨格拉夫人说："必须教育孩子懂得他们不同的一举一动能产生不同的后果，那么随着时间的推移，孩子们一定会学得很有责任感。"听过这个小男孩养狗的故事，我对这句话加深了理解。后来在一次家庭课堂上，我与家长们分享了这个故事。

其中一位家长跟我诉苦：听了你讲的故事，我真想也给我儿子养只狗。我们家孩子太让人操心了，我试过各种办法，可对他养成负责任的态度一点都没有用。

我请她举个例子。这位家长说她儿子小学三年级了，她每天早晨送儿子去上学时都会再三叮咛儿子要记全作业，可是儿子就是记不住。幸好老师每天在家长微信群里都会@所有家长看家庭作业，否则估计儿子天天都会被老师批评。我说我想你的孩子一定也知道老师会在家长群里发作业，既然知道妈妈一定会告诉他作业内容，那么他自然不用自己操心了。如果你真的想让儿子养成自己记作业的习惯，那你首先要忍住不告诉孩子。这位妈妈说，孩子的老师很严格，她也曾经试过这个办法，但是老师在全班同学面前批评起孩子来是毫不留情的，孩子回来后哭了一场。这样对孩子的自尊心伤害很大。

我告诉这位妈妈：孩子的自尊心固然要保护，但是如果没有帮助孩子从小养成负责任的态度，那么当家长无法保护孩子的时候，他遭受的打击会更加严重。作为家长，在培养孩子的过程中，要有长远的眼光，要为孩子的未来着想。

我建议她先与老师沟通，在获得老师的支持后，再对孩子提要求，告诉孩子自己的事要自己处理，同时自己也要做到不提醒或减少提醒。我也提醒这位妈妈，孩子的习惯养成，是个缓慢的过程，家长一定不要追求完美，要有耐心，要有责任心。很多家长在培养孩子习惯的过程中，由于各种原因，自己先半途而废，不能坚持到底，这对孩子来说都是坏的榜样。

对于孩子来说，责任心的重要性是显而易见的，是孩子健全人格的基础，是能力发展的催化剂。小学期间，男孩子责任心问题主要集中两个方面：一是忘性强，上学忘带学习用品，老师布置的作业回到家就不记得了等；二是只要犯了错或出现失误，就习惯性地把责任归于别人或者其他外部因素。有调查显示，有60%以上处在成长阶段的孩子有推卸责任的习惯。

这些都和家长的教养方式有关，一些家庭对孩子宠溺太多，凡事都由家长说了算，这样致使孩子没有机会独立做本该由他们自己负责的事，久而久之，依赖性越来越大，责任心也越来越差。心理学家维克多·弗兰克（Viktor Frank）曾说："每个人都被生命询问，而他只有用自己的生命才能回答此问题；只有以'负责'来答复生命。因此，'能够负责'是人类存在最重要的本质。"这就是说每个生命必须独立承担他生命的责任，任何人都无法代替，这是一个根本性的原则，做家长的一定要智慧对待孩子的责任心问题，要把孩子生活中的每一项责任都逐渐放到他们自己身上，教会孩子自己承担。凡是自己能够做到的，必须自己做；凡是自己应该做的，要尽力去完成。

06 给孩子足够爱的能力

感受爱，学习爱，这不仅是一种礼仪和社会责任，更是一种能力，一种健康的心态，一种个人的核心竞争力。要让孩子具备爱的能力，首先要让他学会关心他人。

我有一个朋友，先生在外地工作，平日里主要是她带着儿子一起生活。她是位非常负责任的妈妈，总是尽自己最大的努力来养育孩子。儿子小学四年级了，学习成绩优异，是她的骄傲。但是前几天她找我，告诉我说上个周末发生的一件事，让她对儿子感到很寒心。周末的时候，儿子约同学来家里玩，那天她刚好感冒发烧，非常不舒服，于是她建议儿子午饭打电话叫比萨，但是儿子不乐意，朋友只好强撑着爬起来给两个孩子做了一顿饭。吃完饭，两个孩子开始看电视，她则回房间休息，没想到，又狂咳不止。当时她听到儿子走近的脚步声，还以为儿子是因为关心自己特意前来看望，没想到，儿子却连房间都没有进，只是让她咳嗽小点声，然后一脸嫌恶地关上了房门，继续和同学有说有笑地看电视。朋友伤心地说，当初是为了给儿子积攒出国留学的钱才让先生申请外派工作的，结果现在倒好，自己生病了没有人照顾，还养了一个不知感恩的“白眼狼”。

其实，说起现在的孩子不知道感恩的事，很多父母都深有感触：他们付出了无尽的爱给孩子，收获的却是孩子的冷漠和自私。不少孩子把父母的爱和付出看成天经地义的事，不懂得体谅，更不知道回报。而最让父母不解和伤心的是，这些要什么有什么，在爱和物质方面都得到极大满足的孩子，很多却集抱怨、嫉妒、恼恨等负面情绪于一身，生活、学习得并不快乐。一些孩子踏入社会后，更是表现极端，令人发指的行径也经常见诸媒体。比如：靠打工支撑25岁儿子留学的母亲因不能满足儿子的需求，在机场被儿子刺死；年迈父母因无力给已成年的儿子买房结婚，结果被儿子暴打……

我一直认为，对于小学阶段的男孩子来说，有一门人生功课比书本学习更为重要，那就是感恩教育。什么是感恩教育呢？就是要培养孩子具备爱的能力，要让他们学会关心他人。人是群居动物，相互之间需要给予和温暖，这是一个人一生中不可或缺的最重要的能力之一。在儿子上小学一年级时，我把这一点列为家庭规则的第一条。那个时候我并不指望孩子这么小就能完全理解这件事，但我想在他幼小的心灵里种上一颗爱的种子，然后让它自己生根发芽。

但是，后来我发现“爱”这个词其实就如同骑自行车，是需要学习才能做到的，正如刘墉说的，“爱很妙，你越付出，越会爱”，所以家长要给孩子创造练习爱的机会。可以先从关心自己的父母、长辈和同学开始。一个连自己身边的人都不会关心的孩子，参与任何献爱心的活动都是徒劳的。比如，我前面提到的那位朋友，她非常热心公益事业，孩子在妈妈的带领下也经常去养老院慰问老人，或者为边远地区的孩子捐赠爱心图书和文具。但这些事并没有真正给予孩子爱的能力，当身边的亲人需要爱和关怀的时候，他完全不会想到关心和付出。这是因为这孩子平时习惯了妈妈事事以他为先，事事照顾他周全，习惯了接受，习惯了索取，习惯了受宠，习惯了只想着自己……当他身处截然不同的生活环境时，生出的自然是嫌弃和逃避。

其实，这位朋友的问题在于她没有意识到“感恩源于认同”这个观点，在儿子还没学会推己及人时，被父母强权压制出的感恩，是不会在他的心中扎根的，他不仅不会感激别人替自己所做的一切，还不珍惜自己所得到的一切，强行干预只会使他的思想背道而驰，产生更坏的效果。

我们的祖先曾说：“亲爱我，孝何难。”父母爱孩子，孩子自然会孝敬父母，这应该是一个简单的爱的循环，但现实情况是：父母只知道一味地付出，只会无限制地满足孩子的一切需要，却没有教会孩子如何回报。殊不知，他们越是无条件地满足孩子，孩子就越认为一切都是理所应当的，这样长大的孩子，他的观念中会以自我为中心，对所有事都感到受之无愧。而一旦形成这种思维模式后，今后踏入社会，必然导致他们四处碰壁。心理学上有种“100%理论”，认为如果家长为孩子做20%的事情，剩下的80%，孩子就会自己做；而如果家长做80%，孩子只剩下20%可做；再如果，家长把孩子的所有事情都包圆儿了，那么他的成长机会也就被父母剥夺了。

“爱”这种东西很玄妙，不学习就不具备，不练习就不拥有，特别是对不善表达的男孩们而言，更是需要这种“学习爱”的锻炼。如果我们把需要关心、爱护、帮助等信息强烈地传递给他们，他们“被需要”的感觉也就变得强烈，随之他们的自信心、责任感也变强，成长得也就越快。有句话说得好：你越舍得用孩子，孩子就越有出息。

道理可以从书本里学到，能力却要亲身实践才能具备。有人说实践比理论重要100倍，就像看教科书与做练习题一样，比如你花2个小时看完一本书，可能要花200个小时去验证书里的内容。做父母的与其每天对儿子耳提面命，不如多创造机会让他们体验，这对他今后的发展很有益处。因为一个人越长大，对世界的依赖就越大，孩子将来的角色是一个社会人，而不仅仅是永远藏在父母羽翼之下的孩子，他必然要和人打交道，必然要融入社会，必须要去亲身体验各种关系。聪明的父母就应该把握时机在男孩子的心里种下一颗“付出爱”的种子，让它随着孩子的成长进步生根发芽，茁壮成长。

在爱的教育方面，一些国家做得很接地气。比如日本，他们的感恩教育主要是讲父母养育了自己，自己应该感谢父母，如何感谢父母；老师给予了自己知识，提高了自己的能力，应该感谢老师，如何去感谢老师等；如果他人帮助了自己，自己就应该感谢他人，这是无可辩驳的道理。这些看似朴素的感恩教育当中蕴藏着深刻的人文关怀。

所以结合生活中的点滴事情从小培养男孩表达感恩的能力，这不仅是一种礼仪，一种健康的心态，也是一种社会责任，和一种个人的核心竞争力。感激积极心理学家将“敬畏、感激、希望、幽默感和灵性”归类于一个人“超越自我”的品质，这五种品质结合起来可以加强人们与世界的连接，让生命更加富有意义。我觉得这其中“感激”应放在首位，因为心存感激，相互之间有了善意的传递，才会有尊重与合作，也才有发展。正如同亚当·斯密所说：情感（比如感激之情）使社会变得更美好、更仁慈、更安全。

培养一个懂得感恩的孩子是一个持续的过程，真正发自内心的感激需要父母的引导。父母在家庭中充当的一个重要角色就是教练，既要教会孩子做好一件事，还要帮助孩子反复练习，掌握并应用。有一个朋友说她7岁的儿子在收到礼物时，从不开口向送礼物的人表示感谢，越逼他越不说，这种没礼貌的行为让做父母的感觉很没面子。儿子却振振有词：我不喜欢的东西，干吗要表示感谢？其实儿子不愿意说谢谢的原因，可能只是他还没有养成习惯。做家长的要时刻提醒自己成为孩子学习感恩的榜样。家长怀感恩之心，必然会带动孩子。所以当你的孩子拒绝对别人说谢谢的时候，你可以替他向别人道谢，向任何帮助你和孩子的人表示感谢，甚至向孩子表示感谢。父母的感激对孩子来说是一种莫大的支持和鼓励，这会让他从中看到了自己的价值与作用，体会到付出的快乐。

当男孩子模仿着父母的言行，感受到“谢谢”带来的愉悦时，他必然就会张开嘴，而当“谢谢”变成一种习惯时，感恩的种子已然在他心中萌发。然而，要提醒的是：虽然养育孩子是父母的义务，但父母也不能完全以孩子为中心。在日常的生活中父母如果忘记了自己的感受，忘记了爱自己，那么他们的孩子也会忘记爱父母。因为爱和感恩的表达，一定是双向的，只有一方的努力，必定不和谐。

在帮助小学男孩们学习掌握爱的能力时，做家长的一定不要形式大于内容，要将所有的表达都落到实处，从点滴做起，更不要进行道德绑架。我常常听到一些父母诉苦，说自己在孩子身上付出了巨大的心血，可是孩子就是不领情，太让他们失望了。这些父母可能没意识到他们的这种抱怨，实际上是在用自己的付出去“绑架”孩子，要求孩子等量回报他们。也许这种“绑架”并非出于做父母的本意，但有了这种心思势必会形成孩子的心理负担和困惑。

感恩远非简单的付出与报答，在培育孩子们的感恩意识和爱心的时候，父母要找到正确的途径，做到以身作则，潜移默化地带动孩子。

07 自控是男孩成长中最重要的事

有一项心理研究发现，三个因素可能是一个人成功的关键：智力、家庭的社会经济地位和自我控制能力。研究表明，良好的自我控制能力往往预示着成年后的成功。

我身边有个朋友跟我讲了一个她儿子在课堂上的故事。她儿子刚上小学的时候，课堂上出的问题特别多，比如上课的时候，看见同学的东西掉在地上，他就会地离开自己的座位去帮助同学把东西捡起来。为此，老师经常向她告状。放学回到家，她向儿子了解情况，儿子还跟她理论："妈妈，我是做好事呢，我帮助同学把东西捡了起来，我没想干别的。"妈妈告诉他，这是课堂，要遵守课堂纪律，不要干扰了老师的上课。男孩说：我没有呀，我静悄悄地离开座位，没有弄出很大的声音。三番五次之后，这个妈妈终于明白了儿子是坐不住，总是想找茬溜达一下。

从这个男孩的表现我们可以看出仅仅明确规则和纪律有的时

候是行不通的。于是这个聪明的妈妈采用了这样的方法：有一天她跟儿子正聊天呢，突然转身离开，也不和儿子打招呼；还有的时候爸妈正陪着儿子一起玩呢，妈妈也是突然离开。几次之后，儿子提出抗议：妈妈，你这是干吗呀？干吗突然不跟我玩了？这时妈妈告诉儿子：妈妈这样做跟你在课堂上离开座位是一样的呀，你突然站起来，老师一定会受到影响，打断了老师上课，你说老师什么心情呀！这个男孩一下子被触动了，后来在课堂上，他想走下座位的时候，就会想起妈妈的突然离开，于是就忍住不动，慢慢的在课堂上就不随便溜达了，课堂纪律好了很多，听讲也越来越专心了。

像这种自控能力差的表现主要集中在2～5年级的小学男孩身上。比如在课堂上，男孩们更容易开小差，不能专心听讲，爱搞小动作；看电视、玩电脑等没有节制；只吃零食不吃饭；在公共场合横冲直撞，大声叫嚷；做好了计划，却没有按计划执行；不该生气的时候大发脾气了；容易冲动……总之，这个时期的男孩有时就像一辆狂奔的车失去了刹车装置，不受管制，所到之处一片狼藉。

小学男孩自控力差的原因首先在于心智不成熟，12岁之前的孩子好奇心比较强，十分渴望得到别人的关注，但他们对事物的判断标准还没形成，情绪的兴奋程度高于控制力，常会做些让人难以想象的事情。比如许多父母常常遇到这样的尴尬：家里来了客人，男孩们一开始还能正常说话、玩耍，慢慢地却陷入了一种“人来疯”的状态，胡搅蛮缠，行为完全失控，根本安静不下来。“人来疯”其实是孩子抓住了父母好面子这一弱点，在客人面前更加不控制自己的言行，并且有意识地做出一些偏常行为，引起大人的关注。

小学男孩的自制能力培养很重要，因为自我管理是社会化的基础，它和所有的发展领域都有联系。有一份针对小学生的调查表明：成绩落后或天生弱智的孩子，大多缺乏自控能力；而优秀学生最大的共同之处就是拥有较好的自控能力。自我控制能力形成的越早，对孩子的未来发展就越有益。而人的自制力是从孩提时就开始逐渐形成的，如果男孩子错过了幼年时的培养关键期，那么就不要再错过小学阶段了。

自控力不是与生俱来的，人都有趋乐避苦的本能，更何况小孩。男孩要控制好动的天性不容易，需要父母的积极引导和配合。就像前文课堂上不能自控的这个男孩妈妈的应激反应就做得很好，妈妈的行为深深地触动到了他，让他换位思考，了解到老师的处境，从而自己认识到在课堂上随意溜达其实是打扰了老师。这个妈妈用智慧激发了男孩自责、内疚的情绪，从而学会了自我管理。

如今的家长往往容易对孩子过度溺爱和放纵，造成很多男孩任性、专横，不听管教。还有一些家长是靠监督去让小学男孩遵守规定，但男孩的自控力如果只靠家长事无巨细地控制，那么他们很难形成自律，因为自控力不是先天具备的，而是在和周围人的相互交往中形成的。只有把规定转化成男孩发自内心想要遵守的东西，变成他们内心自觉自愿想去做的事，自控才不会那么痛苦，也更容易做到。从监督到自觉而这一质变需要家长适时、积极地回应从而催化男孩的自我觉悟。

我记得儿子有一次早上起晚了，上学要迟到了，急得直哭，我赶忙安慰他：只是一次而已，没关系的，没想他哭哭啼啼地告诉我：一次迟到班级也要扣分，老师说了不能因为你一个人影响班集体的荣誉。当时看到儿子那副认真的表情，我反而觉得自己有点太随性，不够自律。我赶快表扬儿子：宝贝，你做得对，每个孩子都有责任维护班级的荣誉！后来我不再轻视上学迟到这件事，总是嘱咐儿子定好闹钟，也会在儿子贪玩的时候提醒他早点睡觉。很多父母都很苦恼孩子早上起床这件事，但儿子一直自我管理得还不错，每天都是自己设定好几道闹钟，很少迟到，我想这得益于老师的管理和教育，还有我们对他的积极回应和肯定。

有自制能力的人往往能够抑制自己的冲动，表现出更积极地处理问题的态度，而自制力不足的人却往往会使矛盾激化，这点在儿子小学阶段表现得尤为突出。小学时期儿子的很多问题，我并不着急强加给他一个解决方案，而是等待他自己去解决问题，最后自觉自愿地坚持做好。因为总能得到尊重和拥有思考的机会，儿子的自制力就这样逐步形成，慢慢地用思考取代了冲动，最终成为一个善于自我约束，即使暂时失败也能控制未来的男孩。

自控力的培养一定是由他律走向自律的过程，男孩子必须有了自我觉悟，才能真正拥有这个能力。在这个时期，父母只要用对方法，他们的自我觉悟能力就会很快提高。

儿子小学二年级的时候，我们做出了一个决定，希望儿子能跳级，这个决定得到了儿子的积极响应。我告诉儿子，现在学校课外活动比较少，住宿学校有很多限制，如果能早一年毕业，那就能早点有更多的时间发展自己的爱好，这点儿子非常认同；还有跳级是一件特别有挑战的事情，如果成功了就证明你有很强的学习能力，周围的同学会非常羡慕你。可能这两点对儿子来说很有吸引力，本来他对待学习只是按部就班，并没有表现得特别主动和积极，有了跳级这个目标，儿子的内在学习动力被激发出来了，无论是在学校还是周末回到家里，儿子都需要额外花时间学习三年级的课程，要把以前用于玩的一部分时间用来学习了，这真的需要很强的自制力，但是儿子真的做到了。我当时还不是很清楚儿子为什么表现得那么自律，我后来明白是儿子听懂了我们关于跳级的意义，他经过自己的判断思考，自我觉悟了，想要接受挑战，于是学习就成了他自觉自愿要做的事情。儿子学习上表现出来的自律就是在这个目标引领下慢慢加强了。

我们重视自控力、意志力的培养，但又要不压抑个性，这需要把握自由和纪律之间的平衡。像让不让男孩玩电脑这个问题，我就觉得不能一刀切。男孩玩电脑游戏能增进和同学之间的交流，也能够开发智力。电脑、手机可以玩，但怎么玩，玩多长时间要提前和孩子达成共识，如果不遵守约定，就要没收手机或者电脑。而一旦发现男孩子沉溺于游戏时，父母要有计划地帮助孩子找到平衡点，合理有效地促进他们控制力的形成。比如男孩子第一天有5个小时空余时间全部用来打游戏，那么第二天就可以要求他们用3个小时打游戏，2小时看书；第三天用2小时游戏，2小时看书，1小时运动……一点点养成习惯，男孩子们就不会沉迷于电脑了。但现实情况是很多父母怕麻烦，自己不愿意陪孩子，就让他们玩电脑，而当发现孩子玩多了，不爱学习了，又非常不高兴，有的甚至摔手机，砸电脑，在孩子面前情绪失控。这些都是不好的行为，我们在培养孩子的自控力时，要先管理好自己的情绪。榜样的作用永远不能忽视。很多父母集任性、胡搅蛮缠、冲动等于一身，做事有头无尾，严重拖沓，玩起来没有节制……这样怎么可能给孩子带来积极的正能量呢？

虽然小学男孩自控力提高很快，但依然需要不断调节，需要家长给予持续的支持。心理学家克莱尔·考普（Claire Kopp）说：

“孩子的自我控制来自哪里？它来自想要成为社会群体中一部分的愿望，想要得到爱和积极情感的愿望。孩子不会因为规则好就遵守规则，孩子不喜欢那样。他们想得到爱和积极的情感，如果他们遵守规则之后能得到这些，那么他们就得到爱和积极的情感强化。”

需要提醒的是，小学男孩虽然因为自我意识提高，加强了自我控制能力，但很多事还是会有反复，有的已经改正的问题还可能再犯，家长们一定不要急，要给予男孩更多时间和鼓励，让他们慢慢来。梁实秋有句话说得好：“后面要过瘾，前面就得牺牲。”所以，家长们需要持续努力。

小学，只是求学生涯的起点，家长们应该以长远的眼光来对待男孩的学业，而不必过分地苛求他们当前的成绩。做作业太慢，专注力不够，学习不自觉，偏科太严重……，关于学习的那些事儿其实是需要孩子和家长共同解决的课题。只要家长方法用对了，就能一劳永逸；而万一走入误区，就可能会贻误教导和成长的良机。

Chapter 4

学习那些事儿

01 培养男孩自主学习的习惯和能力

我们要用比较长远的眼光来对待男孩的学业，要允许男孩在小学阶段学习成绩不是最出色的，要给他们时间和耐心培养男孩自主学习的习惯和能力。

这些年，我接触很多男孩子的父母，他们问我最多的一个问题就是：如何能够让孩子在学习上主动一些？确实，在小学阶段，大部分男孩子在学习上都需要家长推着拉着往前走，很多男孩子的学习成绩都不理想。

有位二年级男孩的妈妈说只要收到老师发来的家庭作业短信，她就开始心烦意乱，因为回家和孩子又是一场恶战。一学期下来，孩子成绩没有提高，厌学情绪却很强烈，她束手无策。也有的家长担心因为孩子主动性不强，虽然在一二年级能够每天按时完成学校布置的家庭作业，但是不足以应对高年级越来越复杂深入的学习内容。很多学校老师也再三提醒家长，三年级是孩子学习的分水岭，孩子能否在一二年级养成良好的学习习惯是关键，其中自主学习能力的培养尤为重要。

目前，我们身处一个信息智能化、公开化时代，所有知识都看似很容易轻松获取，社会中常常涌动着一股浮躁自满的情绪。在这种情况下，小孩子们自主能力的培养面临着越来越严峻的挑战。据我所知，很多孩子在面临学习困难时会马上通过网络寻求答案，而不是静下心来独立思考，努力解答。曾经有家长反映，小学三年级的儿子为了完成老师布置的一篇作文，竟然在网上发帖求助。因为难免受到社会不良风气的侵扰，为了孩子长远发展考虑，我们的家长更需要花精力帮孩子，培养他们自主学习的能力。

小学教育是为学生终身发展奠定基础的重要阶段，有句话说：习惯决定命运。如果帮助男孩们从小养成良好的学习习惯，培养他们的自主学习能力，必然会对他们的未来产生非常积极的影响。

其实孩子天生是有求知欲的，男孩的探索精神更强，他们只是没有把精力放在学习上。通常孩子上学后，我们家长的关注点会更多地集中在孩子的学业和学习成绩方面。他们只看到了孩子不爱学习，而没有注意到孩子喜欢画画，喜欢玩变形金刚，喜欢踢足球，等等。这些也是一种求知的表现，也是一种学习。家长对孩子求知欲的认知出现了偏差，很多的家长的口头禅就是：我儿子哪儿都挺好的，就是不喜欢学习。他们经常当着很多人的面这样说，好像是夸孩子，时间长了孩子也接受了这种暗示，感觉自己真的不喜欢学习，他们也就真的放弃了对学习的主动。

儿子上小学的时候，对待学习也只是按部就班，每天被动地听课、写作业，却把更多的时间用在喜欢的天文上。因为寄宿，周一到周五，他把我们买的天文类的书籍带到学校去看，周末就缠着我们带他去天文馆。我很高兴儿子能找到自己的学习乐趣，因为当年我对儿子小学阶段的学习任务主要是能力和素质的培养，所以当我看到儿子在天文方面表现出旺盛的求知欲，我就经常思考要如何帮助他深入发展他的兴趣爱好。但当时他是住校生，没有更多的时间和自由去发展自己的爱好，再者，他毕竟只是一个一年级的小学生，有限的知识也很难帮助他更好地学习天文知识。经过深思熟虑，在儿子二年级的时候我提出了让儿子跳级的想法，一是早一年毕业，儿子会有更多的自由去发展自己的爱好，还有为了跳级，儿子肯定要超前自学更多的文化知识，这样才能通过考核，这个自学的过程不但能培养儿子的自主学习能力，而且所学的知识和方法也会对他深入学习天文知识有很大的帮助，毕竟学习都是相辅相成的。

当我告诉儿子想让他跳级的想法时，儿子特别痛快地就答应了。我告诉儿子，如果想要跳级，就要牺牲自己玩的时间来学习一些新的知识，他毫不犹豫地同意了，这让我们当时有些意想不到，后来想想可能他的内心早就在期待一个挑战。目标一旦确定，接下来我和儿子一起就跳级制定了一个学习计划：平时在学校的时候，儿子找几个时间段请老师给自己讲讲课，学习新知识，然后自己做书后的习题，回到家再花一定的时间额外做练习册的习题巩固所学内容。

学习计划在刚开始的一个月进行得挺顺利，之后有一次儿子回来告诉我，老师经常很忙，有的时候抽不出时间给他讲课，于是我趁机告诉儿子：那就自己先看书吧，妈妈觉得你能看懂，实在不明白的，就把问题积攒起来，找个老师有空闲的时间再集中求教。儿子觉得这样更自在，同意了自己先看书学习，不明白的再去问老师。通过自学，儿子明白了大部分的学习内容，这给了他很大的信心，越发喜欢自学了。周末回到家，儿子主要在周五花2个小时左右的时间做习题。那个时候，儿子在饭桌上做题，我自己在旁边看书，起初偶尔他有不会的题目，我会和他一起分析，帮助他思考，让他找到解题的思路，到后来，我就让他先自己多想想，看看自己能不能解决问题。我告诉儿子不用着急，多花半个小时看看能不能做出来。刚开始儿子有点急躁，不耐烦，我就告诉他，这道题妈妈会，以后你上了初中、高中，那些题妈妈肯定不会做，那到时候怎么办？儿子觉得我说得有道理，就尝试着自己去琢磨，有的时候多花不到10分钟就把题目做出来了，每当这个时候他特别高兴，我会继续鼓励他：“你看你没问题吧，只要多花一点时间，再多思考一下，问题就解决了。”

学习需要深入思考，需要花更多的时间，而男孩耐力不足，父母一定要有适用的方式让他一点点踏实下来。二年级那一个学期，儿子都跟着跳级的学习计划走，对这种额外的学习安排他比较坦然，偶尔有想偷懒的时候，我只要问他你还想不想跳级，他马上振作精神积极配合。跳级让他觉得自己在做一件了不起的事情，所以他特别主动，特别投入，最后儿子非常顺利地通过了考核，成功跳级了。跳级给了儿子非常大的自信，他体验到了自主学习带给他的快乐和成就感，也开始对自己有了更高的要求。

我们让儿子跳级的想法很单纯，只是想让他早点毕业，可以多点自由时间学习自己喜欢的东西，顺便培养他的自学能力。当时他的学习成绩中上等，也没什么特长表现，在我们提出跳级计划，去征求学校意见时，学校的答复是如果到了学期末能通过三年级的考试就允许跳级，态度既不反对也不支持，但从后来的效果看，我们在恰当的时候，给了儿子一个学习的目标，激发了他求胜和求知的欲望，为了实现跳级这个目标，儿子早在小学二年级上学期的时候就尝试了自主学习。

跳级的经验也让儿子认识到目标和计划的重要。因此儿子在小学阶段就有了学习制定目标和计划的良好意识，到了初、高中时期，我们之间交流学习很简单，就是问你“这个阶段要达成什么目标，你的计划是什么?”其实男孩的计划性和条理性先天就强，关键是我们父母要帮助孩子学会梳理，学会总结归纳。需要提醒的是：帮助男孩做的计划里一定要有运动的时间，有玩电脑的时间。我们很多父母让孩子制定计划就是把孩子当成学习机器，如果计划里没有一点空闲的时间，那这个计划一定是失败的。

那要确定一个什么样的目标激励我们的男孩，让他们能主动学习呢？这点必须要结合孩子的实际情况。现在很多家长在男孩二年级的时候就让他们去上外面的辅导班，而这是大多数孩子都不喜欢的一件事，我觉得倒不如尝试一下由男孩在家里自主学习，与其花钱让孩子被动地上辅导班，不如培养孩子自学的习惯。小学课程难度不大，大部分的家长都可以指导，只要家长肯付出心思，那男孩子们的进步一定不会比上辅导班差。我们可以先从和孩子协商开始：这一个月你自学数学的某个章节，看看能不能做得到。如果他表现得好，就不用去外面的辅导班，省下时间让男孩干自己喜欢的事情。只要我们把目标定得合适又具体，大部分男孩都是愿意尝试的，毕竟小学一二年级的男孩还是比较愿意接受父母的引导。只不过这会使家长辛苦一点，但是如果这些付出可以培养出孩子自主学习的能力和习惯，那就是非常值得的。

合理的学习目标能激发男孩主动学习的兴趣，而在学习中体验到的成就感才是男孩坚持主动学习的内在动力。我身边有一个五年级的男孩，当时学习成绩不是很好，妈妈也是很着急，但男孩对学习就是不上心。这个男孩足球踢得特别好，有一次年级组织比赛，他的球技得到了老师和同学们的一致称赞，小男孩得到了前所未有的关注，自尊心得到了极大的满足。回到家，男孩兴奋地跟妈妈分享了这个快乐，他的妈妈趁机告诉他，如果你的学习成绩也能有进步，那大家就会更佩服你了。就这一句话，在当时那个情境下一下子打动了男孩，因为那个时刻是他最有成就感的时候，有了妈妈的提醒和引导，他后来的学习非常主动积极，进步很快，后来学习成绩在班里一直名列前茅。

兴趣是最好的老师，在男孩学习不主动的时候，父母可以尝试让他找到自己的兴趣点、闪光点，让男孩们先在自己感兴趣的事情上收获成就感。就像这个喜欢踢球的男孩，然后在这个基础上引导他对学习的主动和挑战，然后继续在学业上体验更多的成就与满足。

培养男孩自主学习的能力还需要给孩子更多的自主权。父母们要学会放手，让男孩明白学习是他自己的事儿，让他们自己去承担错误，去学会对自己的事情负责。小学三年级是个关键时期，课程难度开始加大，有些孩子会觉得学习有点吃力。这时候，我们男孩的父母要沉住气，不要急急忙忙地给他们报辅导班，要多给他们点时间，帮助他们启动自主学习的“机关”，让他们自己慢慢去克服学习上困难。

我的一个亲戚四年级转学到北京，家长怕他学习落后，一来京就赶紧给他报了课外辅导班，但他的成绩一直没啥长进。后来他爸爸的工作出现问题，就把他的辅导班停了，这反而激发他自己学习的勇气，最后成绩上升很快。问他为何有这么大的变化，他说辅导班让他压抑，也觉得父母不相信他，所以主动性不够。后来不上辅导班了，他就想把自己的实力证明给大家看，每次攻克了一个难题，解决一个问题，他都特别高兴，因为那都是自己解决的。

男孩除了在学习中体验快乐，他们更愿意体会克服困难之后的成就感，一定不要剥夺男孩这个学习乐趣，那是他们保持学习热情的最原始的驱动力。他们可能会暂时成绩落后，但不等于永远落后。我们要用比较长远的眼光来对待男孩的学业，要允许男孩在小学阶段学习成绩不是最出色的，要给他们时间和耐心培养自主学习的习惯和能力。儿子小学阶段的成绩一直是中等偏上，没有上奥数，初中也只是上了一个普通班，但是最终也凭借自己的实力考进了人大附中的实验班。高中三年，成绩一直中等，最后阶段爆发，考进了北大物理学院。这些都得益于他从小学开始养成的自主学习的能力和习惯。

02 聪明对孩子来说不是最重要的

聪明是重要，但与孩子未来是否优秀，没有绝对的关系。从人生的长远发展来看，最后成为精英的人，往往都是那些意志坚定、努力再努力的人。所以我们从孩子小的时候，与其让他认为自己聪明绝顶，不如让他养成踏实努力的好习惯。

作为家长，在孩子呱呱落地之前，我们就期待自己的孩子聪明可爱。抱着这样美好的想法，聪明成为我们衡量孩子是否优秀的一个很重要的标准。在孩子幼年时期，我们会习惯用“宝贝好聪明”来夸奖他们的所作所为。在孩子上学后，如果孩子成绩优秀，就认定他一定非常聪明；如果孩子成绩不理想，那么很多家长都条件反射一般地首先要肯定自己的孩子是很聪明的，只不过现在还贪玩，精力还没有放在学习上面。

我经常听到类似“我们家孩子很聪明，就是太贪玩”，或者“孩子只要聪明，以后学习成绩一定没有问题”的话，似乎只要聪明的孩子一旦想学习了，提高学习成绩是轻而易举的事。我们男孩子家长尤其容易有这样的看法，因为有那么多例子告诉我们，很多小学成绩不如女生的男孩子，在升入初中后，来了个180度大转变，成绩遥遥领先。因此，男孩子家长更有理由认为，我们的男孩子其实是很聪明的，只不过是想不想努力而已。坦率说，起初我也有这样的想法，那时每当其他的家长夸奖儿子聪明的时候，我也沾沾自喜过。但是，陪儿子一路走来我才慢慢发现这种想法的错误。现在每次我听到家长说类似的话，就忍不住直截了当地告诉他们："聪明是重要，但与孩子未来是否优秀没有绝对的关系，从人生的长远发展来看，最后成为精英的人，往往都是那些意志坚定、努力再努力的人。"所以我们从孩子小的时候，与其让他认为自己聪明绝顶，不如让他养成踏踏实实努力的好习惯。

当年，我也是有了教训才意识到这一点的。因为儿子二年级跳级，这对一个小学生来说，确实有挑战，几乎每个认识我们的人都把儿子当作是小神童，作为父母听到这些赞美自然是心里美滋滋的。儿子那一阵开始迷恋下象棋，每次回家都缠着爸爸下棋。起初，为了培养儿子的兴趣，他爸爸会故意输给他，我也在旁边经常故意表扬他："儿子你真聪明，比爸爸下得好！"小孩子都喜欢听到表扬，自然兴趣大增。但是总是故意输给他，我和他爸爸认为不会提高他的下棋水平，所以他爸爸就开始不总是让着他了。结果儿子一下子从常胜将军变成了常败将军。有时候我在旁边看着着急，忍不住说他："儿子，你太笨了，这么好的棋你都给下错了。"几次之后，有一次儿子输棋后，突然坚决不下了，并且放声大哭，怎么哄都哄不好了，然后再也不摸棋子了。

我感到很奇怪，这可一点都不像争强好胜的儿子干的事儿。于是趁着一次接他放学的机会，在路上，我有意无意把话题引到了下棋这件事上，其中儿子说得一句话让我印象很深，儿子说："我老输，你们该以为我笨了！"我好奇地问他："为什么你觉得自己赢不了爸爸就是笨呢？"儿子毫不犹豫地回答道："因为我没有爸爸聪明，才会输给他！""你认为如果比爸爸聪明，就会赢他？""那当然了！"儿子天真的话让我意识到在他的世界中，聪明可以决定一切。

于是我接着问他："那你认为一个人如果学习好，也是因为聪明了？""妈妈你真笨，如果我不聪明，怎么可能跳级呢！同学都认为我聪明极了。"看着儿子得意的样子，我意识到之前在教育儿子上面犯了严重的错误。我开始反思，我发现我以前太看中儿子机灵和反映了。每当他做了一件很棒的事情，我常常当面夸他聪明，结果就在他的大脑中深深地打下了成功是因为聪明的烙印，他爱上了聪明带给他的光环。

感谢儿子的那次哭闹，让我一下子清醒了。我让儿子误以为"努力不值得骄傲，聪明才是荣耀。"但事实上，聪明只是一个人的天赋，而努力才是一个人后天获取的能力。从那以后，我和先生约法三章：第一绝对不再用聪明来表扬或是鼓励儿子，第二儿子取得成绩的时候要肯定他的努力，第三绝对不在儿子面前用“聪明”或者“笨”来评判他人。

说实话，这对我们做父母的还真是有点考验，比如当朋友或者其他家长表扬儿子时，我之前可以谦虚地说：“现在的孩子都聪明。”可是有了约法三章，我就必须从努力的角度来肯定儿子，尤其是当着儿子的面。但是有些家长听后就立刻不易察觉地交换了个领会的表情，因为在大家的眼里，努力的孩子都是因为笨鸟先飞，表扬儿子努力，就意味着是承认自己儿子不够聪明，这就要我毫无虚荣心地坦诚对待孩子在学业上付出的辛苦。孩子是非常灵敏的，他可以准确地感受到到家长的真实想法。如果家长明明在乎孩子在他人的眼里是否聪明，却说不在乎，那么无论怎么掩饰，对孩子来说都是无效的。

我还特意前往儿子的学校，和班主任老师交换了我的想法。当时就一个目的，我希望儿子有一天是为自己的努力而感到骄傲。我们期盼孩子成长，肯定绕不开学业的进步，各种升学的压力是绝大部分的孩子和家长都要面对的。小学6年，初中3年，高中3年，12年求学之路，我们要以怎么样的心态去坚持这12年，还要取得好的成绩？现在教育也多元化，虽然孩子们的路有很多条，不像过去只有一条高考的独木桥，但无论走哪条路，都要付出很多的努力和汗水。尤其升入小学高年级后，学习中吃苦的过程很长，如果不让孩子从小体验到努力带给他的收获，让他坚信努力就会有改善，就会离目标更近，也就很难保持热情坚持到最后。

让一个小学生理解努力的重要性并付诸行动，这需要家长的耐心坚持。我告诉儿子，他和爸爸下棋输了的原因，一是因为爸爸下棋已经有很多年了，积累了丰富的经验，就像是他每天做一页口算题，熟能生巧；二是因为爸爸喜欢下棋，所以他看了很多有关的书，经常向高手请教，是长年努力学习的结果。他要是想战胜爸爸，也得要想想该怎么好好努力。儿子听后半信半疑："我要是经过努力，也可以战胜爸爸？""那当然了，只要你比爸爸还努力。"

儿子相信了我的话，他让我帮他买了棋谱，每次和爸爸下棋之前都要认真准备。我和他爸爸商量在他赢三次之后，就让儿子赢他一次。儿子第一次赢了爸爸的时候，我特意给他做了个奖状，对他说："你看，你最近好好努力了，结果就赢了一次。"

为了让儿子更深刻地了解努力的重要性，我决定从一件小事着手，让儿子看看努力的结果。我问儿子："你上学最不想做的事情是什么？"儿子想了想，告诉我他最不想做的就是写字作业，他经常被老师批评作业潦草，写字是他的弱项。这一点是我的疏忽，我一直觉得孩子字写多了，自然就会写好了，其实不然。于是我就提议儿子每天都坚持练一页字，我告诉儿子："只要你坚持练习一个月，就一定可以赶上那些写得好的同学。”儿子很兴奋，但是觉得有些多，就提出可以每天写半页。半页也行，但是我要求他一定要坚持一个月，因为时间越长，效果才明显。从此我们两个就开始了每天额外练半页字的日子。

因为儿子住校，所以我只能通过打电话督促他。写字本来就是他讨厌的事，写了一周他就想放弃了。这个时候我就想尽办法不让他半途而废。练了大概半个月后，儿子有一天忽然兴奋地告诉我，说老师第一次表扬他的字有进步了。那个周末他放学回家的时候，我趁热打铁，当着全家人的面好好地表扬了儿子，祝贺他通过努力取得的成绩。练了一个月字后，儿子写字作业基本都是优了，他感到特别骄傲。我也特意把他的作业复印后贴在家里显眼的地方。因为尝到了努力带来的结果，不用我催促，儿子把练字这件事又坚持了一个多月。就这样，儿子亲身体会了“刻苦努力”所带来的直接成效，并深刻地意识到：在“成功”这道命题当中，“努力”是必选项，错选或者漏选都达不到要求。

有专家指出，认识到努力能弥补能力的不足，对8至12岁的孩子来说是一项至关重要的认知。孩子在小学，仅仅依靠聪明是可以取得好成绩的，但如果没有努力的意识，年级越高越会显出力不从心。毕竟不是每个孩子都在同一条起跑线上，每个孩子能达到的终点也有很大差距，但只要孩子能满怀信心地努力往前跑，就能得到属于他的那一份成功和满足。

03 培养孩子学习能力首先别帮他设限

小学阶段我们可以不关注男孩的具体成绩，但是要培养男孩对未来人生的积极态度，不要先入为主地自我否定。不仅要在男孩们自我设限的时候帮助他们突破，还要更好地引导他们挖掘潜力，超越自我。

这些年一直从事家教咨询，其中也接触到不少初高中男孩的家长，他们普遍反映男孩的语文成绩不好，特别是作文和阅读部分更是弱项。有一个男孩，他本是有条件冲击清华的，却因语文作文写跑题了而和清华失之交臂，令人非常遗憾。在跟家长们交流的过程中，我发现他们的男孩都是从小学的时候就不爱学习语文和英语，当时家长并没有特别重视，都觉得男孩语文是短板也正常。结果，中考科目少，难度相对低一些，有的男孩勉强能过关，但是到了高考，很多男孩因为语文成绩拖后腿而没考到心仪的大学。家长们都特别惋惜，如果作文和阅读部分加起来能多得几分，那么儿子的未来可能就更光明一些。

我一直在思考，在语文的作文和阅读理解上为什么大部分男孩都铩羽而归呢？有没有什么好的办法能改变这个问题？经过总结与梳理，我发现一部分男孩家长们有个共同的特点，就是对于儿子语文成绩不好都表示能接受，并且没有特别强的愿望要去突破。他们对儿子学习时间的安排和学科重视程度上，对语文的重视程度也低于别的科目。如今，我站在一个家教咨询师和一个男孩家长的双重角度来看，我觉得小学男孩语文成绩不好与家长对男孩的自我设限不无关系。

怎么理解这个家长的自我设限呢？给大家举个简单的例子吧。儿子小学三年级开始写作文，老师每周都会让孩子自己写一篇周记，儿子写周记的时候每次都会提前跟我交流：妈妈，这周写什么呀？我那个时候都没有好好珍惜这种交流的机会，总是有点不耐烦，经常说：你随便呀，这周发生了什么有趣的事情你都可以写呀！儿子在我这里得不到回应，只好自己随意写。我当时为什么对儿子是那样的态度呢，除了年轻缺少耐心以外，还有一种略带偏见的想法，小男孩写作文都不太好，到等他上了初中自然会好一些。由于这个不合理认知，使我对儿子的作文就一直没有太高的要求，也没有及时挖掘他的写作潜力。

其实，我当时就是对儿子写作文有了自我设限，沿袭了大众的普遍认知，认为男孩在语言文字表达上面天生会比同龄女孩差，作文写不好是很正常的。我进入了这个误区，还不自觉地把这种自我暗示传递给了儿子。估计很男孩家长会有和我一样的想法：男孩天生有不足，我焦虑也没用，还不如顺应他的成长让他自己慢慢提高，不要为了提高他的作文水平去费心费力，搞不好会拔苗助长。我当时觉得自己的想法似乎很有科学性，这种自我设限的想法减轻了我自己的压力，但却造成了严重的后果：在儿子整个中小学12年的求学生涯中，作文一直是他学习上的一个短板，后来花了很多的时间和精力去提高写作水平，收效却不是很大。因为我的偏听偏信以及自以为是，在没有验证和实践的前提下，让儿子在小学阶段错过了挖掘写作潜力的最好时期。

现在想想，儿子在小学的时候有几次作文写得还是不错的，而那几次不错都因为我“干预”了。有一次我们带儿子去参观野生动物园，回来他写了一篇作文，第一次写完我看了特别不满意，批评他了，跟他严肃地聊了一下，我说你今天一天玩得挺高兴，看到了那么多动物，难道就没有什么打动你的或者让你特别开心的事情吗？儿子被我追问得没话了，只好重新写了一篇。第二次写得就特别好，猴子有什么表现，孔雀有什么反应……既生动又有趣，后来那篇游记还得到了老师的表扬。现在想来如果当时我对儿子用心一些，要求更高一些，他还是可以写出好作文的。但我只是把它当作儿子偶尔一次的表现，没有在心里真正地认可和鼓励儿子，以至于让他错失进步的良机。

孩子在小学三年级前正是处于文化的敏感阶段，对此蒙特梭利曾指出，“孩子的心智就像一块肥沃的田地，准备接受大量的文化播种。”这个时期的孩子会出现想去探究事物的强烈需求。按道理说，孩子对学习充满渴望，正是父母能充分调动他们积极性的时候，但就因为父母的先入为主的设限，干扰了男孩子们的成长规律。

我想很多家长都会有过这样的自我设限吧。比如有的妈妈会说我和他爸爸都是学文科的，所以他数学学不好很正常；还有的家长会说，父母都没有特长，孩子也不会有天赋，等等。类似这种先入为主的认知无形中就把孩子放进一个自己设置的框框里，而且还会把这种信息在不知不觉中传递给孩子，久而久之，男孩也会不自觉地也认同了这个看法，然后对某方面的学习表现出自信不足，更不会有强烈的突破欲望和动力。我们经常看到一些男孩缺乏上进心，做事缺乏主动，这很可能是家长用无形的金箍棒给男孩画了一个圈，让他们冲不出心门，从而使得孩子学习动力不足。

大多数时候家长们意识不到自己给孩子设限了。曾有一位年轻的妈妈跟我聊她小学儿子的成绩，说语文和数学都还可以，就是英语差一点，总是70来分，在班里属于中等偏下。她一再强调感觉儿子上进心不强，根本没有想改变英语学习的劲头。对比她也很无奈，但同时她也觉得儿子这个分数和他的能力以及付出的时间是相符的。我问她：为什么觉得儿子的能力和这个分数相符？她告诉我：“男孩天生语言表达不如女生，语感肯定差一些，记忆力也不如女孩，学不好英语也正常。”听到这儿我笑了，我说：“你和我一样，犯了我曾经犯过的错误，在心里对你儿子的英语学习自我设限了，你觉得他能力不够，他一定能觉察到的，那他还怎么会有信心提高英语成绩呢？

这个妈妈忽然意识到自己确实是在心里给儿子设限了，所以对儿子提高英语成绩的态度不够坚决。听了我的分析，她豁然开朗，问接下来怎么调整才能帮助儿子。我告诉她："因为你的自我设限，造成儿子对学习英语没有信心，所以帮助儿子建立信心是最重要的。"我建议她首先跟英语老师沟通，了解孩子的情况。反馈回来的信息是老师觉得孩子基础还是不错的，发音挺标准的，但是上课不是很爱提问题，和老师的互动也少。和老师聊完之后，她挺高兴的，没想到老师还夸儿子。于是我又建议她回家告诉儿子老师对他的认同，还有她对儿子的信心，看看儿子的态度有什么改变。

一周之后她来找我，说儿子英语学习有点变化了，他上课主动问问题，得到了老师的表扬。我说："太好了，孩子得到你和老师的鼓励，开始想要改变了，现在趁热打铁和他沟通一下，看他能不能每天多花20分钟背诵当天学习的英语课文，只要20分钟就可以。"这位妈妈和儿子一说，男孩照办了，那之后的一次考试，这个男孩的英语成绩第一次超过了80分。这个妈妈非常高兴地告诉我这个消息，我说你要趁此机会多多鼓励孩子，告诉他只要稍微用心和多花点时间，他的英语成绩就上来了，要继续加油！第一次突破了80分，又及时地得到了老师和妈妈的肯定，从那以后男孩对学英语有了信心，开始主动和老师同学交流学好英语的方法。后来，这个男孩背诵英语课文的习惯一直没有改变，还开始看英语电影，主动做课外习题，根本不用妈妈的督促，英语成绩就稳步上升了。

这个妈妈后来跟我分享这个喜悦的时候特别感慨：她没想到当她从心里开始相信儿子学习英语的能力时，儿子真的就表现出了自己的实力。这真是一件特别微妙而神奇的事。我告诉她，孩子很容易捕捉到家长的思想，你当时的行为凸显出的是你对儿子的英语成绩现状不满意，但是又觉得儿子很难突破。你在那里左右为难时，儿子感受到的就是你对他的不信任，让他觉得自己没有能力学好英语。父母都觉得我不行，我也就真不行了，这样男孩也进入了自我设限的误区，从而丧失了继续好好学英语的主动性。事实上，很多妈妈容易犯这样的错误，这对很多小学男孩来说是致命的，会直接影响到他今后的学习生活。所以，家长们要想让孩子有所突破，首先要打破自己的心理设限，虽然这是很多父母没有意识到的，也不愿意面对的，但它的确是真实存在的。

其实家长们的这种自我设限和男孩的自身发展规律有一定的关系。从生物学的角度来看，小学阶段的男孩语言发展不如女孩，不管是语言表达还是词汇量，都要稍逊一筹。对于像英语、语文这类学科他们有的时候确实会学得费劲一些；男孩在情感和情绪的表达方面，也普遍不如女孩，因此不管是作文，还是阅读接受起来会慢一些。这些都是客观存在的现状。不过很多男孩最初对此现状并没有那么强烈的意识，是做家长的自我设限给了他们一些不好的暗示，结果使他们还没开始好好努力就放松了对自己的要求。

很多的男孩由于自身的局限，刚开始写作文或者做阅读理解的时候觉得困难，自信心受挫，但他们有时候好面子，不愿意让父母看到自己的无力，于是先给自己设限，对学习成绩表现得无所谓，并用这种态度来阻止父母对他提出更高的要求。所以父母要认真地寻找男孩自我设限的原因：如果是我们自己的原因，就马上调整自己；如果是男孩自身的“障碍”，那一定是男孩自信心出问题了，就要想办法帮助他们恢复信心。

在工作中我还发现了一个现象：父母对待男孩学习的态度比女孩宽松，既然男孩的发育比女孩慢，索性就不用管他们太多，让他们自由发展好了。相反女孩的家长倒是给予了女孩更高的要求。男孩的家长好像接受了男孩成绩就是应该比女孩差一些的观点，放弃了对男孩的要求，这其实是一种溺爱的表现。父母有这样放低要求的表现，男孩也会接受父母给予的这种信号，对学习满不在乎，最后我们发现他们不单是对学习成绩不在乎，对很多事情都不思进取，到那个时候，我们再后悔就来不及了。

小学阶段我们要尊重男孩“慢半拍”的发育规律，但是不能放任自流。我们可以不关注男孩的具体成绩，但是要调整和培养自己以及男孩对未来人生的积极态度，不要先入为主自我否定。我们不仅要在男孩们自我设限的时候帮助他们突破，还要更好地引导他们挖掘潜力，超越自我。

04 帮助男孩解决写作业慢的问题

很多家长都习惯把孩子的学习问题归咎于孩子自身问题，可是在我看来，孩子学习的上问题与家长的教育方式有着密不可分的关系。

孩子上小学后，很多男孩子家长都遇到一个共同问题那就是写作业困难。有位家长告诉我，她一看到孩子写作业就心理疲惫，实在搞不懂为什么看起来聪明伶俐的儿子写作业就这么难？！为了解决儿子写作业的问题，她可谓是心力交瘁，可是儿子却没有任何改变，她简直要绝望了。

为了改变这种情况，有的家长以为陪孩子写作业就能解决一切问题，结果却收效甚微。也有的家长采取高压惩罚性方式，希望借此可以帮助孩子养成写作业的习惯，没想到却激发了孩子的厌学情绪。还有的家长，采用积分奖励的方法：根据孩子每天写作业的表现，好的加分，累计积分可以换取各种玩具。家长认为这是正面的鼓励，但在我看来，这不仅不是个好方法，反而是一种畸形的诱惑，代价是孩子会把写作业作为一种交易，而没有发自内心地把它当成自己的事。为了回报而表现良好，这种方法不仅不会从根本上解决孩子写作业的问题，反而有可能让孩子在以后讨价还价的挫败中，更加痛恨写作业这件事。

家庭作业对教育成功至关重要，如何从根本上解决孩子写作业难的问题？我认为首先要找到孩子写作业难的真实原因。

我曾认识一位妈妈，她对孩子的学习非常重视，从孩子上学的那天起就舍弃了自己的业余生活，天天准时陪孩子写作业，写完还要仔细检查，可以说是全程参与。可是孩子已经是四年级了，课堂作业仍旧完不成。大部分同学八点多钟就能够完成的家庭作业，他也要写到十一二点，学习成绩也不理想。这个孩子的老师认为孩子的学习态度有问题，家长也花了很多心思去纠正孩子的学习态度，但都收效甚微。

她听说我是从事教育工作的，就迫不及待咨询有关孩子学习态度的问题。听她描述完的孩子写作业情况后，我告诉她，您和老师都可能冤枉孩子了，孩子也许是感统失调。感统失调的孩子阅读理解能力差，写字容易出格，错字连篇。例如一年级拼音作业常会把“b”写成“d”，“p”写成“q”，是非常典型的表现。这位妈妈起初不相信：“不太可能吧。感统失调症一般都出现在幼儿身上，他现在都四年级了。”我告诉她：“感统失调，只有通过相应的训练才可以纠正，而不会随着孩子年纪的递增而自愈。通常孩子12岁之前通过训练很容易纠正感统失调的现象，一旦超过12岁就会定型，不易改变。”

虽然她看上去半信半疑，但还是听从我的建议去相关的心理机构给孩子做了一些测试。测试的结果证明孩子果真是感统失调。其实现在很多孩子都存在着不同程度的感统失调，这其中既有先天的因素，比如剖腹产的孩子，因为没有经受产道的挤压，容易出现这个问题；也有后天环境的影响，比如这位妈妈的孩子是在爷爷奶奶身边长大的，奶奶怕孩子磕着碰着，几乎所有的事都代劳了，让孩子失去了自我锻炼的机会。

想到之前为了写作业的事没少发脾气骂孩子，这位妈妈感到特别内疚。对于之后的教育安排，我建议她一边通过训练纠正孩子感统失调，一边调整自己对待孩子学习的态度。因为在我看来，好的亲子关系胜过好的教育。尤其是当学习问题已经给孩子的生活带来了痛苦，伤害了他的自尊心，破坏了他对学习的兴趣，形成了很糟糕的消极影响，那这个时候最重要的是，家长们应该站在孩子的角度进行客观的分析，权衡利弊，对无关紧要的作业和练习，可以适当放弃。这样一来，既可以缓解写作业带给孩子的压力，调动他写作业的热情，慢慢培养他对学习的自信和好感，又可以让孩子感受到妈妈支持自己的心意。我们家长要相信：给予孩子诚意的期待就是对孩子巨大的鼓励。每个孩子都是有上进心的，都愿意得到父母和老师的夸奖，都希望往受到鼓励的方向发展，更何况是已经陷入学习困境中的孩子。家长只有帮他们重新点燃学习的热情，才能让孩子有足够动力克服学习上遇到的困难。我们这次谈话后，这位妈妈又和我通了几次电话，她告诉我，孩子确实有了很大的改变，作业完成速度和质量也越来越高。到学期结束的时候，孩子的写作业速度已经达到了班级同学的平均速度，学习成绩自然也提高了。

男孩写作业难的原因有很多，除了感统失调，还有很多其他因素。作为家长，很多人都习惯把孩子的学习问题归咎于孩子自身问题，可是在我看来，孩子学习的上问题与家长的教育方式有着密不可分的关系。

有一位妈妈，老师不停地请家长、打电话、发微信，多次催促她抓紧帮助儿子解决写作业难的问题，这让她备感压力。有一次她在电话里跟我聊到这件事时竟然失声哭了起来。她告诉我，儿子刚上小学的时候，由于手部的精细活动不够，手指肌肉没有得到很好的发展，所以不能自如运笔，字写不好、写得慢也在意料之中，后来经过针对性的训练，这个问题很快就解决了。可是没过多久，儿子写作业的问题变成了不用心，总要弄一些“玩”的小插曲，边做边玩，结果作业时间长，差错也不少。

我注意观察了一下这位妈妈带孩子的方式，这位妈妈崇尚素质教育，她非常喜欢带孩子去旅行，常常是孩子还没有放假，旅行已经安排妥当。即使是周末也必须去近郊住一个晚上。我看到她经常在微信朋友圈发玩耍一天之后孩子在宾馆写作业的照片，于是问她为什么要求孩子在旅行中也写作业呢？这位妈妈告诉我这是旅行前和孩子的约定，旅行的时候也要好好写作业，目的是持续地养成孩子写作业的好习惯。我又接着问："孩子的表现如何呢？"这位妈妈回答："气死我了，总是写到很晚，完不成也只能让他先睡了，否则明天没法玩了。"

我告诉这位妈妈，她对孩子的要求太不切合实际了。要知道，即使是成年人，也很难玩耍一天之后迅速投入到工作中吧，更何况一个小学三年级的孩子，更是不可能的。由于神经系统发育不够完善，男孩子在小学低年级集中注意力时间最多也就在15分钟左右，并且抗干扰能力差，易受周围环境的影响。我建议她减少给孩子安排活动，因为从她儿子写作业时的表现来看，注意力不集中是主要问题。要解决写作业的问题，不如先从培养孩子集中注意力入手，和儿子一起制定一份适当的作业计划，同时标注写作业所需要的时间，在刚开始的阶段，妈妈要每天花费一两个小时来监督、鼓励孩子，确保孩子做好每一项作业，这样有助于帮助他找回自信心，促使孩子以行动来向家长证明自己的能力。

此外提醒家长注意的是，一般来说，男孩与女孩相比，在作业上的表现普遍比较糟糕。有时候本来写作业不难的孩子，不知从什么时候开始，面对作业也会犯难，这就需要男孩家长在孩子写作业上给予持续的帮助。记得儿子升入高年级后，作业量加大，学习不再像以前那样轻松，所以对作业也牢骚满腹，写作业的效率明显降低。为了淡化孩子对作业的厌倦情绪，我建议儿子写完一定的作业后，休息10～20分钟。利用这个时间，我有时候会邀请他下楼一起活动活动，或者彼此讲讲有趣的事情。

还有个朋友，他及时调整了儿子的写作业时间，任由孩子晚饭前尽情地玩耍、看书，饭后才开始写作业。这时候，孩子写作业的时间已经不充裕了，如果遇到孩子不能按照老师要求的标准完成学业，或者偶尔忘记一两样作业，这位朋友就实施惩罚。我认为这种做法是绝对不可取的。在我看来，在孩子认识错误并改正错误的过程中，给孩子留下弥补失误的时间和机会，比起逢错必罚的做法更有效果。

在对待男孩的学习和教育问题上，我一直觉得首先要学会冷静，要用理解、宽容之心对待。如果写作业难这件事已经持续了很长时间，那么改变起来也需要一定的过程，就读的年级越高这个过程越长。如果家长突然要求过高，男孩子可能会望而却步，这样反而会影响进步，这就要求家长循序渐进，从症结入手，耐心帮助孩子，成为他们积极学习的助手和伙伴，这样才能从根本上解决问题。

05 男孩看不懂数学题是阅读能力没跟上

男孩子们在做应用题时出现不会做的情况并不是真的不会做，而是看不懂题目。这类男孩的数学差不是差在数学上，而是差在阅读理解上。数学阅读具有一定的抽象性和概括性，需要较强的逻辑思维能力，如果男孩们不能把所阅读的文字彻底搞明白，就不能进行综合归纳和分析判断，自然也就无法解题。所以要提高男孩的数学水平，可能需要从培养阅读习惯和提高阅读能力开始。

从生理学的角度来说，男孩女孩的发展存在先天差异，大多数男孩在语言和阅读能力上落后于同龄女生，而他们的空间立体感及视觉表象能力强，反映到学习上就是数学、物理成绩较好。在教育上能遵循这种差异规律进行培养，会对孩子的成长有很大的帮助。但是，如果家长只看到差异并欣然接受这种差异，不做任何努力进行调整，不重视培养男孩的阅读习惯，那么即使在男孩子占优势的学科上，也会出现问题。比如：不会读题，搞不懂题意，或是直接找不出文字描述与数学等式之间的关系，等等。最终导致解错题。

其实，男孩子们在做应用题时出现不会做并不是真的不会做，细究其中原因，可能很多家长会有些难以接受，那就是男孩的数学差不是差在数学上，而是差在阅读理解上。数学阅读不同于一般阅读，具有一定的抽象性和概括性，需要较强的逻辑思维能力，如果男孩们不能把所阅读的文字彻底搞明白，就不能进行综合归纳、分析判断，时间长了，在看不懂题目的情况下，男孩会逐渐排斥数学，进而敬而远之，本来天生擅长的能力反而弱化了，所以要提高男孩的数学水平，可能需要从培养阅读习惯和提高阅读能力开始。

苏霍姆林斯基在《给教师的建议》中说过："阅读是对'学习困难的'学生进行智育的重要手段。学生学习上遇到困难越多，在脑力劳动中遇到的困难越多，他就越需要更多阅读。正像敏感度差的照相底片需要较长时间的曝光一样，学习成绩差的学生的头脑也需要科学知识之光给予更鲜明、更长久的照耀。不要靠补课，也不要靠没完没了的'拉一把'，而要靠阅读、阅读、再阅读——正是这一点在'学习困难的'学生的脑力劳动中起着决定性的作用。阅读不仅能使某些学生免于考试不及格，而且还会发展学生的智力。'学习困难的'学生读书越多，他的思维就越清晰，他的智慧力量就越活跃。"

实践证明，阅读不仅能提高写作能力和语文水平，还能够点燃思维，引领思考，它是各门学科学习的共同需要，数学成绩也必须要借助于阅读能力来得到真正的提高。但提高男孩子的阅读能力不能走捷径，需要长时间的培养和积累，家长一定要做好心理准备。

通常情况下，孩子的阅读启蒙敏感期从5岁左右开始，到7岁时能完成看图识字的过程；8～10岁时，开始进入自由流畅阅读的阶段；在小学3～4年级时，进入他一生中第一个，也是最重要的一个黄金阅读期，这时就可以进行纯文字书籍的阅读了。家长如果能根据男孩子们的成长规律，把握他们的阅读敏感期，那么帮助他们提高阅读能力将会事半功倍。

我们常说兴趣是最好的老师，对于没有先天阅读优势的男孩们来说，顺应“兴趣”这一要点，是让他们爱上阅读的最好开始。像我儿子，小学的时候喜欢读米老鼠、奥特曼系列，他会追着我买那些书，看完后还会和我描述奥特曼的强大；后来因为喜欢天文，就阅读了大量和天文有关的书；又因为喜欢钻研电脑，主动阅读和电脑学习相关的书籍。这些都是发生在他一二年级的事情。所以要让男孩爱上阅读，就先从他的爱好开始，有爱好就会有好奇心，也就有了探索的欲望，这时候给他相关的书籍，他也就会有阅读的需求和兴趣。比如你的儿子喜欢汽车，喜欢机器人，喜欢变形金刚，家长不仅给他们提供玩具，还可以买一些和这些相关的图书来刺激他们的阅读兴趣。当然，父母在给男孩们提供书的时候，要考虑到他们的年龄特点和阅读层次。低年级的男孩从绘本开始，三年级以上的男孩可以适当减少图片，提供文字多一些的书籍。可能男孩们刚开始只是喜欢玩，对阅读不一定有常性，但是如果家长善于利用男孩愿意挑战、不服输的特点，就能够把他们引导到书里，让他们尝到甜头，从而对阅读产生愿望。

在男孩们刚爱上阅读的时候，家长一定要小心维护这份热爱，不要干扰他们的阅读选择，只要他喜欢就让他读。也许很多家长会担心这些课外读物都不是小学必读书目，花很多时间和精力在这上面会影响学业。我的想法是，尽量不要打击男孩读书的兴趣，只要是正当的读物，我们都不要反对，当一个男孩还没有形成阅读习惯时，强迫男孩去读我们觉得应该读的名著，那无疑是扼杀他们的阅读兴趣。

所以家长们不要操之过急，初始阶段，让男孩爱上阅读比读什么书更重要。爱上阅读只是开始，要养成好的阅读习惯，还要对男孩们进行培养。我个人的经验就是：一、提供男孩喜欢的阅读内容；二、让男孩走出去，比如走进大自然，这正和男孩爱玩的特点相契合，让大自然给他们灵感和刺激，激发新的兴趣；三、去旅游，每到一个地方之前，和儿子一起通过读书了解当地的人文地理、风土人情。要注意的是，每次内容不要太多，挑

1～2个主题就可以了，要循序渐进，否则会引起孩子的反感，起到反作用；各种户外活动也能给男孩的阅读提供素材，提供刺激；带男孩去看电影也是一个好的方法，因为电影作为视听媒介，其故事性、画面感会给孩子留下很深的印象，有时为了更多地了解电影里某些东西，比如历史背景、文化特点等，男孩会主动探究更深入的知识，这时我们就可以提供相关的书籍给他们，引导他们通过读书得到更多的信息。

很多男孩喜欢重复阅读，会在不同年龄反复多次看一本书，或者在一段时间只看一本书，并且缠着大人翻来覆去地讲解。这个癖好会让家长很焦躁。父母总认为孩子看更多的书，才能获得更多的知识，老看同一本书就是浪费时间，长大了还看小时候的书更是退步，因此很多家长会打压孩子这种做法。其实这样的处理方法过于简单粗暴了，孩子读书有自己的周期，当某本书的信息没有完全内化成孩子自身的需求，他们就会继续阅读。

还有一个原因是男孩的自我成长特点。蒙台梭利曾经说过："反复练习是儿童的智力体操。"反复阅读又何尝不是呢？在一本书里，男孩吸收的首先是逻辑，然后是情景，再然后是准确的概念。也就是在这样的重复中，他们的感觉能力、思维活动、智力水平、思想意识等发展慢慢得到了完善。所以父母要学会等待，不要轻易打断男孩们自我成长的规律。如果规律断了以后就需要接上，接得上去还好，接不上去就是后患无穷。所以，家长们只要顺应男孩们的自我发展就好，陪伴他们一起重复，或者耐心地等待孩子自己从读本中走出来。

当然要让男孩养成阅读的习惯，很重要的一条就是要在家里给他们营造一个读书的氛围。他自己的房间里最好有书柜，没有条件放书柜，至少也要有一个书架，或者是专门放书的抽屉，这些感官的刺激会直接地提醒男孩：看书很重要！现在电子书很多，很多父母愿意让孩子直接在iPad上完成阅读，觉得反正也是看书，效果是一样的。我还是建议小学男孩不要过多地通过电子设备来完成阅读，尽可能地读纸质书，从心理角度而言，翻阅纸质的书会有一种平和感和愉悦感，而电子书等多媒体书籍的互动功能会使孩子分心，这会使男孩本就注意力难集中的问题变得更为严重。想让儿子读书，家长的示范作用很重要，如果父母闲暇时总是看电视或者打游戏，孩子怎么会爱上读书呢？所以家长们平时也要养成阅读的习惯，要让我们的孩子看到父母阅读的身影，所谓身教重于言传，家长的榜样作用体现在生活中的方方面面。

男孩有了阅读习惯后，阅读能力培养就变得尤为重要。所谓阅读能力就是要深入地了解书中文字的内容，理解文字所表达的情感，对书中所表达的观点有自己独立的想法。这个听起来很不容易，特别对于年龄小的男孩来说，更是困难。其实有一个方法很有效，那就是亲子阅读。英国爱丁堡大学的研究人员发现，从小进行亲子阅读的孩子往往在今后的生活中更加成功。暂且不论今后的发展情况如何，我和儿子的亲子阅读的确提高了他的阅读能力。

儿子小学的时候，他最喜欢的一件事儿就是躺在床上里让我们给他讲故事。我一般就是照着书读，有时也会按照书的内容编一些故事，那真是考验妈妈耐心的一件事，儿子会不停地问问题，我有时绞尽脑汁编不出来了，就告诉儿子，这个故事是妈妈编的，我也不知道结果是什么样的，要不你接着给妈妈编一个故事呗。然后儿子就开始编，或者我们一起编；我也会让儿子复述我刚讲过的故事，故事听着轻松，自己复述的时候却有很多东西记不住，刚开始的时候，儿子会丢掉很多内容，故事也没有前后情绪的铺垫，直接说情节，让故事显得很突兀，等等。因此在他复述完了之后，我就会有意提问，帮着他一点点把故事说得越来越好。经过一段时间的锻炼，儿子复述故事时也会加进去自己的理解，有时候还会和我就某个故事展开讨论，我会讲述我对故事的理解，儿子也会有自己的想法。

这样过了一段时间，我发现和儿子编故事，让他复述故事，探讨等活动不仅锻炼了他的口头表达和理解能力，提高了记忆力，还激发了他的思维，让他更有想法。这种方式让孩子对阅读有了参与感，也让他更爱读书。

不过现在回忆起来，我发现自己当年有一点做得不太好，当儿子在复述故事的时候，我总是强调完整，有时会打断他，说你没有告诉这个故事是怎么发生的，等等。结果儿子慢慢就不愿意多说，只愿意听我讲了。我觉得当时如果我不是那么在乎儿子的表现，多给一些时间，多给一些鼓励，少挑刺，儿子就会更愿意说，那后来的语言表达能力就会更强。所以，妈妈们别太在乎孩子眼前的表现，着急纠正，结果把孩子的积极性挫伤了。

提高男孩子的阅读能力，父母要注意的一点是不要让他们习惯于浅层阅读，这会使他们的认知能力发展受到严重的阻碍，要帮助他们逐渐进行深层阅读，进行深度思考，这样男孩们读书越多，他们的知识储备就越多，阅读理解能力也自然随之提高了。

我们常说功夫在课外，广博的课外阅读带给男孩子们的是自我成长、自主提高的学习能力，而作用到数学学习上，那就是形成更为缜密的思维方式，这将有助于数学成绩的提高。

06 会制定计划的男孩子，学习不会差

小学阶段是建立规则的关键时期，最适合培养孩子优秀的习惯和方法，这其中就包括制定学习计划的意识和能力。小学阶段学会制定学习计划，除了能帮助学生更好地提高学习成绩，还能让他们今后的工作生活更有条理。有调查显示，习惯做计划的人，他们成功的几率比不做计划或者鲜做计划的人高出80%。

小学阶段做学习计划，可能一些家长会有疑问，小学的学习内容不多，为什么还要制定学习计划?如果只是为了完成小学阶段的学习任务，制定计划可能意义确实不大，但是为了今后的学业之路走得更远更顺畅，养成制定计划这一习惯的意义就很重大了。小学阶段是建立规则的关键时期，最适合培养学生优秀的习惯和方法，这其中就包括制定学习计划的意识和能力。小学阶段学会制定学习计划，除了能帮助学生更好地提高学习成绩，还能让他今后的工作、生活更有条理。有调查显示，习惯做计划的

人，他们成功的几率将比不做计划或者鲜做计划的人高出80%。

我对学习计划的认同感来自于儿子小学二年级的时候给他定的一个跳级计划，没想到执行得特别顺利，当时只感觉他对跳级这件事儿特别得向往，很多年后问起他当时为什么对跳级这么感兴趣，他半开玩笑地告诉我是因为喜欢一个三年级的女孩，想要跳级跟她一个班。儿子的真实想法我不得而知，但从他成功跳级这件事中可以看出，如果男孩特别想实现一个学习目标，那他就能表现出强大的学习动力，这将促使他顺利完成计划。

教育家尼尔曾说过："孩子只要有了学习的内在动力，甚至可以在两年之内学完从小学一年级到高三的全部课程而考上大学。这样的例子比比皆是。"学习生涯是个漫长的过程，要想总是保持学习热情和学习动力，并不是一件容易的事。特别是对于耐力不足的男孩，想要很好地坚持就需要经常给他们加油鼓劲，而计划中的学习目标能激起男孩的好胜心和征服欲，等于有了目标就有了方向和持续动力。制定和实施计划的过程就是培养和发掘男孩各种能力的过程，如果我们在小学阶段帮助男孩养成制定计划的习惯，那等于让他们有了激发自己内在动力的发动机。

如何帮助男孩养成做学习计划的习惯呢？我认为首先要会做计划。目标合理，并在短期内看到成效的计划，才符合小学男孩的成长特点。在我的家教课堂里，有个妈妈跟我分享了一个她跟儿子制定计划的过程。她的儿子喜欢画画，喜欢玩耍，就是对学习兴趣不大，就连家庭作业都常常不能完成，对此她很着急。为了引导儿子爱上学习，她也是想了很多的办法，但效果都一般。有一次无意中她提到清华美院是一所专门学画画的大学，那里有很多特别棒的老师，儿子听了突然告诉她：我长大要去清华美院读书，我要当画家。听到儿子这样说，这个妈妈心里很高兴，感觉终于让儿子找到了学习的目标，于是告诉男孩：你要上清华美院，那从现在开始就要好好学习，我们来制定一个学习计划吧。于是一份学习计划出炉了，计划没啥特殊的，就是保质保量地完成学校的作业。看着挺靠谱的一个计划，可是执行了没有几天，男孩的学习状态还是和从前没啥区别，这个妈妈觉得很受伤，以为给儿子找到了学习的动力，没想到很快就失去了吸引力。

这个计划之所以失败，就是因为这个妈妈把10年后的目标当成了小学一年级男孩的学习目标了，上什么样的大学确实可以是一个目标，但是放在不恰当的阶段，这个目标根本没有任何的吸引力，这个小男孩现在完成作业都困难，我们把10年之后的学习目标作为激励他的手段，他肯定觉得更无力。

制定计划，确定目标，其实就是需要对待学习有务实的态度，目标要有挑战，但是也要看得见够得着。首先要对自己的学习情况做全面的分析总结，然后才能据此做出合理的计划。对于一个小学生来说可能很难明确自己学习的现状，这就需要家长的积极参与，帮助男孩结合个人实际情况做出一个恰当的安排。而且做计划要循序渐进，不要贪图一步到位。像前面提到的这个男孩，我后来给这个妈妈的建议是：制定一个能帮助他完成当天家庭作业的计划，以解决孩子每天大部分时间被作业所扰的痛苦，从而让他对学习不再排斥。

计划可以分3步走：周计划—月计划—学期计划。周计划的目标是每天把作业时间由3～4小时控制到2个小时以内，男孩按照自己的心愿挑选自己愿意写的作业，能完成多少是多少，不能完成父母也不要责备。同时要和老师达成共识，以鼓励为主，目的是为了让男孩对写作业不再有排斥。月计划的目标还是每天用2个小时的时间完成作业，但作业的内容主要是针对学习弱项，会做的就不做了。通过科目梳理让男孩对自己的学习情况心中有数，查缺补漏，树立信心。执行月计划的时候需要父母更多的指导和陪伴，对男孩多一些耐心，多一些鼓励。学期计划是在学期末使男孩每天的作业时间不超过1个小时。只要周计划、月计划能够坚持执行下来，学期计划的目标肯定能达到，只是要提醒家长的是：计划实施的过程中，父母的鼓励和支持有利于孩子建立对计划的好感。

同时，不再额外给孩子布置作业，会让男孩更有积极性。我一直和这个男孩的妈妈保持沟通，及时对他的各种变化做出反馈，计划三部曲完成后，男孩对待学习的态度有了很大的改善，后来学习成绩也到了班里的中上水平。最让人欣慰的是，因为不再受到完不成作业的困扰，有了更多可以自己支配的时间，那个男孩的绘画水平直线提高，在很多比赛中都获得了很好的名次，这也更加坚定了他将来读清华美院的决心。

想让男孩养成做学习计划的习惯，除了实现目标让他体会到成就感，更重要的是让他在计划实施的过程中感受到自我成长所带来的愉悦。小学二年级跳级计划的顺利完成不但让儿子喜乐多多、自信满满，而且在实施过程中，为了保证学习新知识又不耽误正常的课程，让他学会了时间的管理。根据老师的变化调整自己的计划让他学会了更严谨的统筹安排，这种主动学习的过程既新鲜又充满挑战，每一次成功的调整和安排都让他无比兴奋和愉悦，更不用说他自己在学习上取得的进步了。正是这种征服感所带来的愉悦让儿子爱上了做学习计划，不知不觉中就有了自己的学习方法。而在儿子的每个计划当中，我都是给予空间和尊重，必要的时候给予建议，使他最终能在计划实施后，收获成功或失败所带来的启迪，这也成为他养成做学习计划的一个推动力。

因为跳级，儿子的学习虽然没有困难，但在身心发育上还是有一定的差距，所以有一段时间他的假期作业经常完成得不够好，每次开学都会挨批，自尊心受到很大的打击。有一年暑假，儿子主动制定了暑期作业计划，每天学习6个小时，上下午各3小时。看了他的安排后，我明白他是想早点完成作业，然后踏踏实实地玩，所以把时间安排得很紧。于是，我对他说做计划的时候是不是要考虑一些干扰因素，比如假期起居时间会不会每天都准时？要不要睡到自然醒？要不要适当考虑一下看电视和玩电脑的时间？还有和小伙伴玩耍的时间等等。儿子想了一下说那就每天用4个小时写作业。我说这样好，为了保证作业质量，晚上妈妈愿意抽出时间帮助你对答案，如果当天完成得好，第二天就不用花太多的时间修改头一天的作业了。

儿子接受了我的建议，写作业和玩两不误，而且为了不耽误第二天玩的时间，他做作业的时候也非常用心，准确率很高。那个暑期儿子整个学习过程非常顺畅，学习效果也不错，开学之后的考试考得特别好，他还因此受到了老师的表扬。至今我还记得儿子回家转述老师表扬时那小脸涨红的激动和喜悦，还有他说谢谢妈妈的帮助时我的感动。

很多时候男孩难以养成做学习计划的习惯，其原因除了目标不切实际，内容做得太满，不能引发他的兴趣以外，和父母的干预有极大的关系，其中最直接的原因就是父母对孩子的计划盯得太紧，看得太严。比如说男孩这周计划完成得不太好，很多家长就开始着急，就开始担心男孩坚持不下去从而开始施压。其实这是我们家长浮躁了，人又不是机器，小学男孩有时贪玩没完成任务也很正常，这个时候我们要做的不是责怪他们，不要强调他完成得不好，而是要提醒他、激励他，促使他往下做得更好。如果一直被家长强压着按计划实施，那对男孩来说计划就是给自己施的紧箍咒，他们就会十分排斥，也不会轻易地制定计划，因此养成制定计划的习惯更是无从谈起。

只要在小学阶段养成做学习计划的习惯，那在男孩今后的学习生活中都会有长足的动力。儿子在初高中阶段就经常利用计划提升自己的学习成绩，特别是高三那一年，每一次关键考试之后他都会根据自己的学习现状做出恰当的调整，制定新的学习计划。我记得当时一模之后他告诉我，下面的计划还是重视数学基础题的训练，不能像以前一样省略不做，而英语需要多做阅读题等等，那时，他已经拥有了非常强的统筹安排自己学习的能力，时间管理能力也很强，也会经常性地分析每一科的现状，找出自己的弱项和强项，为下一步学习做出调整。高考前的2周，他给自己制定的学习计划细致到了每天每个小时。他每天按照计划复习、休息，不慌不乱，非常有序。也正是因为他有了一份特别靠谱的学习计划，作为父母的我们也感觉比较安心，没有焦虑不堪。儿子高考最终取得了好的成绩，我们由衷地认为“学习计划”功不可没。且到后来他考研、读博，我们也不担心他对自己的规划。

07 关于“快乐教育”不得不说的话

小学阶段，一定要给男孩子充足的快乐教育，但是这种快乐教育绝对不是对孩子学业和成长的放任自流，而是为了培养孩子好学的精神，把玩耍的权利和时间还给我们的男孩。

我向来主张小学阶段一定要给男孩子快乐教育。但是，我所说的快乐教育和现在有些家长奉行的快乐教育并不一样。我曾经受儿子小学班主任的邀请去学校和家长们讨论孩子的教育问题。很多家长在谈及自己的教育观念时，都强调自己是“先进”的快乐教育的尊崇者。我好奇地问他们：你们认为何谓快乐教育？普遍家长都认为不应该在学习上给予孩子任何压力，以孩子的意愿为主，只要孩子快乐就好；还有的家长认为只有快乐教育才可以培养身心健康的孩子，小学阶段快乐第一，学习成绩等上了初中再抓也不迟。在这样的教育理念下成长起来的孩子，真的会一直快乐吗？坦率说，我不敢赞同。

我身边发生过这样一个故事，有一位朋友，夫妻俩都是国企高管，按照现在的说法，当年上学时都属于学霸级别。他们自觉求学的过程辛苦，所以对儿子一直采取快乐教育，只要孩子高兴就好，校内学习完成作业就行，课外兴趣班想上就上，不愿意坚持就算了。上一二年级的时候，由于学习内容较为简单，孩子也还聪明，学起来轻轻松松，成绩也不错。夫妻俩对自己的教育成果感到非常满意。

但是进入三年级后，随着学习内容的广度与难度的增加，孩子单靠小聪明，渐感学习上有难度，这个时候夫妻俩还是认为小学阶段快乐第一，学习成绩等上了初中再抓也不迟。但是孩子并没有他们所认为的那样感到很快乐。因为随着孩子年龄的增长，心智逐渐成熟，他需要展现自己的能力，要凭借自己的能力与同学相处，适应学校的生活。因为总是在班级处于落后的状态，得不到老师同学的赞赏，也得不到父母积极的回应，男孩开始不愿意去上学了。夫妻俩认为这一切是教育体制造成的，于是把儿子转到了一家有名的私立学校。

但是，这也没有解决孩子不快乐的问题，因为私立学校虽然教育环境宽松，可是对学生的学习能力和态度同样有要求。欠缺主动学习兴趣与动力的孩子，同样感到来自各方面的压力，这回夫妻俩也跟着不快乐起来了。为了进一步解决这个问题，夫妻俩把孩子送到了美国。原本夫妻俩以为国外的“快乐教育”可以让孩子如鱼得水，结果对学习提不起兴趣的孩子，很容易对一些诱惑上瘾，孩子先是沉迷于游戏，接着又爱上了大麻，继而吸毒，朋友后悔不已，只好辞掉了工作，专门陪着儿子戒毒瘾。

虽然这是一个非常极端的例子，但是每次想起来都让我痛心疾首。随着现在生活条件的改善，我相信很多家长都希望，也有能力给孩子提供更好的学习环境。有一部分家长觉得可以给孩子提供丰富的教育资源，比如去私立学校或者出国留学，并以此来表达对现有教育体制的不满，希望通过种种措施减轻或者干脆让孩子避免感受到来自学习的压力，这也是“快乐教育”这一教育理念如此盛行的原因。

可是，我们家长一定要了解孩子是独立的个体，我们教育的出发点是对孩子身心健康有益的教育才是好的教育。我们试想一下，如果一个孩子一直生活在一个所谓的“快乐教育”的无菌真空中，家长帮他回避了所有他的年龄段应该承受的学习压力，他就自然无法找到解决这些压力的方法，也难以培养属于出良好的学习能力。而随着年龄的增长，这些压力会日渐加重，这时候所谓的“快乐教育”中的孩子就如同一个毫无免疫能力的人，如何存活在现实真实的世界中呢？

当孩子学习能力不足时就无法感受到来自学习的乐趣，也会丧失学习的兴趣；没有兴趣，何来内在动力；没有内在动力，学习成绩自然不如人意，这个时候，孩子所面对的已经不仅仅是学习上的压力，还有来自学校、老师和同学的压力。尤其是自尊心强的男孩子，比女孩子更脆弱，来自周围人群的压力让他的们自尊心受到强烈的碾压，那种长时间的羞愧和自卑会让他们逃避现实，厌学、网瘾，甚至吸毒都是他们逃避的方式。

所以家长们一定要认真思考何谓“快乐教育”，切勿盲从。在我看来，小学阶段一定要给男孩子充足的快乐教育，但是这种快乐教育绝对不是对孩子学业和成长的放任自流，而是为了培养孩子好学的精神，在完成必要学习的前提下，把玩耍的权利和时间还给我们的男孩！因为，很多关注孩子学习的家长都习惯性地限制孩子的玩耍时间。甚至有些家长认为给孩子报了各种各样的课外兴趣班，也算是给了孩子玩耍的时间。

我们知道，在过去体育、音乐、舞蹈和其他消遣活动都是受孩子们欢迎的玩耍形式，因为那是用来放松和解压的时间。但现在情况大不一样了，家长给孩子报类似的兴趣班，其实都希望对未来的升学有所帮助。因此，孩子们的“玩耍时段”是被事先规划好的，是必须“具有教育意义”的，这样的玩耍不是孩子们喜欢的，孩子们也不可能得到身心和情绪上的放松，也就很难从玩耍中得到本来应该获得的积极能量！

而男孩子在成长过程中，是通过玩耍来进行学习的。他们更愿意也更依赖于通过身体的活动认知世界，发展思维，这是男孩的天性，也是男孩子最真实的学习方式。如果一个男孩在幼年时期没有好好玩耍，那么这个孩子在认知能力、情感和社交发展上都会受到影响。男孩子在玩耍过程还能宣泄自身旺盛的荷尔蒙分泌，身心得到全面的放松和舒展，激发好奇心和探索的兴趣。

儿子上小学之前，我看到一篇文章上面写着：根据科学研究证明，在早期的学校环境中，男孩子普遍居于劣势，尤其在小学阶段，男孩子在阅读、写作、语言发展方面能力明显弱于女孩子。儿子上小学后，通过观察，我发现同班的女孩子确实在阅读、写作和语文等科目都无一例外地胜过男孩。这让我意识到有必要帮助儿子提高这些方面的能力。儿子那时候特别喜欢去动物园和植物园玩，几乎每个周末我都带着他去。我发现儿子在玩的时候，对认字特别感兴趣，尤其喜欢看每处标牌上的说明文字。于是我就给他建立了一个户外识字本，让他记下自己认识的字，喜欢的一段话，或者自己的感受。儿子做的时候高高兴兴，我也从来不对他提更多的要求，但是会帮助儿子寻找相关的阅读素材。记得我给儿子买了一本DK的《自然科学》，厚厚的一大本，因为是自己喜欢的内容，儿子读起来津津有味从中学到了不少的知识。这些都是在动物园的玩耍中得来的启发。

一次快期末考试的时候，儿子的自然课上留了一道选择性作业：野外捕捉蜻蜓。周末的时候，儿子坚持要去抓蜻蜓，尽管再过两三天就考试了，但是我们还是陪着他去了。那一次，全家人都特别高兴，虽然我受了点轻伤，但陪着儿子，重温了儿时的快乐时光，心里美美的。儿子一整天都特别兴奋，晚上盯着瓶子里的蜻蜓，恋恋不舍玩了好一会儿才去睡觉。第二天上自然课的时候，只有儿子一个人完成了这个作业。他兴高采烈地和同学分享了捉蜻蜓的过程，周末回家的时候告诉我们全班同学都对他羡慕极了。那次的语文期末考试，作文恰好是记一次有意义的活动。儿子写了这次活动，因为是真情实感，写起来就生动有趣，作文也得了他上学以来的最高分，这极大地刺激了他对语文的兴趣和对写作的自信心。

还有一阵，儿子迷上了轮滑，只要一有空就要下楼滑一会。我给他配备了全套的护具，然后就随他去了。这看似浪费的游戏时间，儿子都学到了什么呢？首先培养了他的专注力，穿上轮滑鞋的那一刻起，他就是鞋子的主人，必须独立掌控自己的身体，这就需要他非常专注地开动大脑，来协调自己的身体，调整步伐，锻炼自己的平衡能力和身体灵活性；其次轮滑鞋出了点小问题，他就得想办法解决，儿子自己曾经照着说明书拆卸轮子，因为好奇轮滑鞋的制作原理，又上电脑查资料，了解了“惯性”等很多初中物理才接触的知识。就是这样的玩耍让儿子的身体和情绪得到了很好的舒展和释放，充分激发了他的求知欲，让他更愿意去主动探究，学习能力得到很好的发展。

有的妈妈或许会说，你的孩子和我的孩子不一样，你们可以从玩耍中培养学习能力，我的孩子只会疯玩，浪费时间。根据我的经验，家长首先要意识到玩耍是男孩子的天性，要从内心完全接受孩子玩耍这件事，否则就容易患得患失，一边放手让孩子玩，一边担心影响了学习，觉得浪费了时间。孩子是非常敏感的，他能够体察到家长的微妙心理，并因此无法毫无负担地全身心投入玩耍。另外，孩子也可能产生逆反心理，你不让他尽情地玩耍，他就会自己想办法找时间偷偷玩耍，原本玩耍可以给予孩子愉快的体验，进而对学习产生兴趣，但是如此一来，反而让孩子产生了玩耍与学习是对立的看法，家长越要求孩子用功学习，孩子越难以对这件事怀有好感。

其次，家长要在给予孩子玩耍时间的同时，对孩子小学六年间如何合理分配学习和玩耍的时间做到心中有数。我当时的做法是小学一二年级，让儿子多和大自然接触，带他去户外尽情地撒欢儿；三年级的时候，则有意识地以培养孩子能力为目标，帮助儿子选择玩耍的项目；到了五六年级，引导孩子理解玩耍与学习的关系，培养他有能力自我调整玩耍和学习这两者的关系，为迎接初中生活做准备。

整个小学阶段，相对于儿子的成绩和分数，我更看重儿子的学习能力和学习兴趣。儿子上初中时，因为小学成绩并不是非常突出，所以未能进入实验班，但是他学习能力和兴趣非常突出，可谓后劲儿十足，他很快通过自己的努力，在每次考试中年级排名都稳步向前，最终考上了理想的重点高中。拥有学习能力和学习兴趣是每个孩子顺利度过十二年求学生涯中必备的、最重要的条件。学习能力可以帮助孩子不断克服知识学习上的困难，学习兴趣则可以让孩子在面对日益繁重的学习任务时保持一个乐观的态度，而这一切都是可以通过快乐教育得到的。

这就是我所理解的快乐教育：在男孩子的小学阶段，家长要尊重孩子的天性和成长规律，给予孩子充分的玩耍时间，同时在不影响孩子身心健康的情况下，让他们承担一定的学习压力。要在玩耍中培养他们的学习兴趣和学习能力，绝不能盲目追求快乐教育而荒废了孩子的学业，贻误了教育时机。

05 男孩小升初要做好衔接准备

初中的学习和小学是大不相同的，男孩们要在学习上的做好小升初的衔接，并非是到培训班提前学习初中知识，而是必须提前做好两手准备：一是具备良好的学习态度，有耐心和信心；二是拥有自我学习能力。

现在小升初基本都是就近入学了。家长们大多不用为孩子的择校问题操心，这对家长来说真是一件大好事。回想儿子上学那个时候，曾经有家长用“千军万马过独木桥”来形容小升初。因为在很多家长的眼里小升初不亚于高考，他们认为如果孩子能够进入一所理想的初中，那么距离理想的高中和理想的大学就不远了。记得儿子的一位同学家长大概提前半年就开始研究各个重点学校的小升初政策，光是相关的笔记就写满了厚厚的一个本子。最终如他所愿，孩子提前签约了理想的中学和理想的实验班。当时儿子知道后非常羡慕，放学回到家里，第一件事就是紧张地问我，他要是没上理想的学校怎么办？我告诉儿子，考上了理想中学固然值得祝贺，但是没考上也不意味着未来不能就读理想的高中和大学，理想的学校并不能决定一个人的未来。

这是我当时的真实想法，并不是为了减轻儿子压力的说辞。直到今天，每逢在家庭课堂上有家长告诉我非常担心就近入学政策会影响孩子的未来时，我都直言相劝：与其担心学校问题，不如将注意力放在孩子身上。据我所知，很多男孩子家长都理所当然地认为初中是男孩子的爆发期，小学成绩不好的男孩子到了初中有可能变得非常优秀。这种情况确实存在，但是也有小学成绩非常优秀的孩子到了初中成绩不如人意。比如之前我提到的那位提前签约重点中学实验班的男孩子，初中毕业时只考上了一所普通高中。究其原因，是因为初中的学习和小学是大不相同的，那个男孩没能很好地适应这种变化。

我曾经向一位富有多年教学经验的特级老师请教过小学和初中的学习不同之所在，老师告诉我，最大的不同是初中学习内容逐渐深化，学科知识逐渐系统化。表现在日常学习上，一是课业负担大大增加，不仅学习的科目增多，而且作业量也繁多，学习压力明显加大；二是老师的教学越来越偏重传授知识体系和注重学生思维方法及能力的培养。小学老师为了让大部分孩子能够顺利掌握某个知识点，会反复强调，而初中老师在授课过程中，很多知识点都只会讲一遍。孩子课堂上没有消化理解的知识点需要在课后通过自我学习才能完全掌握。所以，对即将升入初中的男孩家长来说，帮助男孩为未来的学习生活做好准备是非常必要的。

当年，为了让儿子能够顺利地完成从小学到初中的过渡，从小学六年级下学期开始，我就有意识针对儿子的学习态度和学习能力查缺补漏。因为在我看来，无论何时，这两点都是一个人获取知识多寡的决定性因素。在学习态度方面，我主要是想帮儿子改正急躁的习惯，这些都是通过我跟儿子的聊天，潜移默化进行的。

我经常和儿子聊起初中生活，我告诉他，初中学习的科目几乎是小学的两倍，学习难度也会增强，每天他花费在学习上的时间要比小学多很多。为什么呢？以他喜欢的数学为例，小学的数学主要是侧重在打基础，而到了初中，就侧重于培养学生的数学能力，不仅要学习复杂的平面几何知识、代数知识，还有简单的一次函数与二次函数等。小学时候可能几分钟就完成一道题，到了初中，有时候做一道题就需要花上几个小时。所以，除了认真，还要很有耐心，有了耐心也还不够，还必须有信心。儿子被我逗笑了，他说："妈妈，你的话简直是绕口令"。我告诉儿子："你知道妈妈为什么认为对男孩子来说，在学习上拥有耐心和信心，与认真一样重要呢?那是因为在初中的学习过程，需要耐心和信心的地方太多了。就拿作业来说吧，很可能每天写作业的时间需要三四个小时。你还记得吴越哥哥吧？"儿子点了点头。

吴越是我同事的孩子，比儿子大两岁。刚上初一的时候，同事三天两头来找我商量方法。因为小学成绩不错的吴越，在上了初中后，成绩越来越不理想，学习热情也一落千丈。这让同事非常焦急，赶紧给孩子请了家教，但是效果并不好。一同和同事想办法的过程，我注意到他们夫妻俩对孩子是否认真完成作业这件事非常不重视。同事向我解释，吴越从小就不爱写作业，因为成绩不错，所以他们夫妻俩对此也就睁只一眼闭一只眼。上了初中后，吴越照样一提起写作业就心烦，经常发脾气，抱怨作业太多，于是他们也就随他去了。

我告诉同事，初中的课后作业非常重要，是孩子自己对课堂知识的一次梳理，如果不能认真耐心地高质量完成作业，就会造成当天学习的知识无法消化理解，日积月累，就会累积很多知识漏洞。初中的知识是一环套一环的，前面的问题没有很好地解决，后面就无法跟上老师讲课的进度。家教虽然能答疑解惑，但没办法代替写作业，孩子的学习问题自然得不到根本的解决。很多男孩子学习出现问题都始于这里。如果再没有克服困难，迎头赶上的信心，那么初中就可能是他们逃避学习的开始。

所幸当同事意识到孩子的问题所在后，积极教育和帮助孩子养成了认真对待每一天作业的习惯。吴越的成绩终于又慢慢提高了，也恢复了对学习的热情。“所以反复练习是学习的必要条件，有耐心才能高质量地完成学习任务。”我对儿子说。为了让儿子及时地理解耐心和信心的重要性，我还提议儿子用“耐心”的学习态度来对待他的短板——语文阅读理解。

众所周知，男孩子在阅读理解能力方面普遍弱于女孩子。这一点，即使到了初中，也无法立竿见影地得到改变。而初中科目，无论是语文、英语，还是数学、物理，若想学得好，都离不开阅读理解能力。我曾经一度完全将儿子这方面的问题归结到性别差异上面，但是当我决定要帮助儿子改变这一状况时，经过观察，我发现儿子阅读理解能力不强的很大一部分原因是没有耐心认真阅读文章。他读一篇文章时常常是匆匆一扫而过，我问他为什么，他回答说，他觉得看得慢太浪费时间。

于是我和儿子讨论：一道语文阅读题到底需要花多长时间才可以高质量地完成，10分钟，还是20分钟？我建议儿子一次做两道阅读题，但必须在40分钟左右完成，提前完成就算违规。开始的时候，这么长的时间对儿子来说简直是煎熬，他不得不一遍遍地耐下心来读文章。但是几次之后，好处就显现出来了，儿子发现耐心阅读可以迫使自己进行深入思考，回答问题时尽管还不能很准确，但是能够做到有的放矢，而不是似是而非了。儿子做完题，核对完标准答案后，我要求他对照答案，再进行一次重新阅读思考，看看自己的思考过程与标准答案有什么不同。这样做效果特别好，儿子的阅读理解能力有了显著的提高，同时对我所提出的“耐心”和“信心”也有了更深刻的理解。

有了良好的学习态度，考虑到自学能力不仅可以帮助孩子顺利地完成初中学业，而且也是一生必备的本领，于是我把对儿子学习能力的培养重点放在了自学能力这方面。在多年教育儿子的过程中，我发现热爱是孩子学习的动力之源。尤其是男孩子，如果想让他们具有较强的自学能力，首先学习内容就应该具有一定的挑战性，其次学习方式也要灵活。通过与儿子交流，我知道单纯依靠小学课本上的知识还不能很好地培养儿子的自学能力，因为儿子认为太简单了，所以我借来了初一的数学课本，在教完儿子正确的学习方法（比如先预习，然后复习，再写作业）之后，我安排儿子把前两章的内容自己学习一下，并且适当做一些课后练习题。为了帮助儿子更好地理解所学知识，我还做起了儿子的学生，儿子每学完一点知识，就给我上一堂课。碰到儿子一时不容易理解的知识点，我就旁敲侧击地启发他。儿子的学习兴趣特别浓，用他自己的话说就是每学一点新知识，都觉得自己特别了不起。

现在，与儿子当年比起来，学习的方式更加多种多样。我的家庭课堂上有一位年轻的父亲，他本人是从事IT产业的，他告诉我现在有很多网课的设计非常棒，他给儿子报了几个班，孩子反映通过电脑学习的感觉超级好，比起在补习班或者跟着家教上课，有更多的时间可以自己深入思考一些知识点。说到网课，家长完全没有必要谈电脑色变，担心孩子玩电脑上瘾。现在的孩子都是在多媒体环境中长大的，电脑已经成为他们生活中的一部分，与其防着孩子玩，不如多花心思引导孩子正确对待上网问题。

对于社会上不少的小升初的衔接辅导班，我认为，如果它们只是为了提前学习一些初中知识，对孩子自学能力没有帮助，那么既浪费了时间，又容易让孩子养成依赖的心理，完全丧失自主学习的能力，得不偿失。反之，则可以鼓励孩子参加，但是作为家长一定不要以为给孩子报了衔接班，就是帮助孩子做好了小升初的衔接准备。

对家长来说，还有一点非常重要，那就是一个孩子能否拥有自主学习能力的关键是：我们家长是否懂得放手，是否愿意给予男孩们自主学习的权利。在我的课堂上，不少妈妈都有相似的烦恼：小学时期，在他们周到细致的安排下学习成绩一直不错的孩子到了初中后好像变了一个人，学习上不喜欢、甚至排斥父母的干预，这让她们非常担心。当她们问我的意见时，我对她们说，我觉得她们的孩子是非常棒的，因为他们比父母更早地意识到学习是自己的事情，这样的认识才能让孩子真正地拥有自主学习的能力。

我建议，如果小学低年级时错过了培养孩子自主学习的能力，那么到小升初衔接这一阶段，家长务必要逐步把学习的主动权还给孩子，并帮助孩子养成好的学习习惯。要知道，控制是最坏的教育，一个人的主动性往往是从内心产生的，如果是孩子自己经过考虑后做出的决定，他就会坚持不懈地去追求。孩子有我们大人意想不到的能力，在不断的尝试中，会出现很多奇迹。如果错过了这个时机，那么孩子上初中后，学习过程就可能会不顺利。

所以，这时期的父母要有耐心，给孩子时间和空间让他们慢慢地把一些基本的事情做好。智慧的父母不会替孩子作决定，但是可以通过给孩子分析各方面的情况，让孩子充分考虑之后再做决定。如果孩子认真考虑后做出了决定，那就应该支持孩子，这样才能更好地执行决定。这一点是非常需要家长重视起来的。